항공 실무 면접 가이드

Aviation Practice Interview Guide

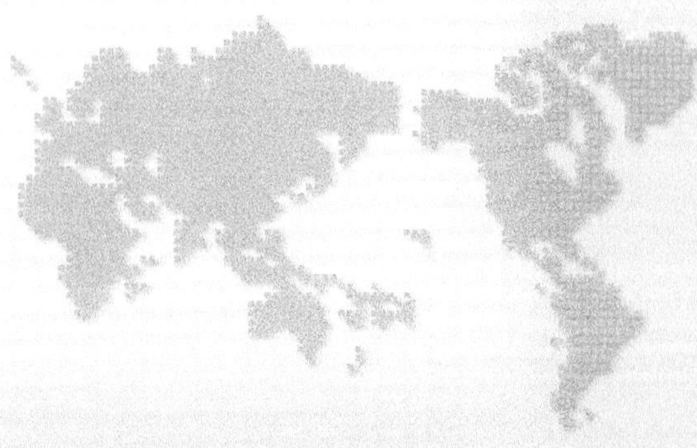

프롤로그 : 승무원의 꿈, 나에게 묻는다

본 교재는 항공사에 취업하고자 하는 학생들의 면접 연습에 조금이나마 도움이 되고자 준비한 책입니다. 10여 년간 항공, 관광, 경영학과 학생들의 면접과 취업을 지켜보면서 학생들에게 필요한 부분만을 담아보았습니다.

부디 이 교재가 항공사에 취업을 희망하는 학생 여러분들께 효율적인 도움을 줄 수 있기를 소망합니다.

2020년 8월

Contents

Part 01 면접의 이해

Part 02 면접의 이해

Part 01

면접의 이해

Chapter 01

면접의 이해

01 오늘날의 면접

20세기 후반부터 이어져온 컴퓨터 공학 및 인공지능의 발달은 우리들의 삶에 큰 변화를 가져오고 있다. 증기 기관의 1차 산업혁명, 전기의 발명으로 대변할 수 있는 2차 산업혁명, 거기에 오늘날의 4차 산업혁명에 이르기까지 자고나면 또 다른 발명과 또 다른 세상이 펼쳐지고 있는 급변의 시대에 우리들은 살고 있다.

인공지능의 발달로 인간의 능력이 필요한 곳이 적어지고 심지어 인공지능이 인간의 두뇌를 앞서 가고 있다. 2014년 개봉한 스파이크 존스 감독의 〈Her〉라는 영화를 보면 사람처럼 생각하는 인공지능, 사람과 똑같이 생각하고 느낄 수 있는 인공지능에 대한 연구와 관심이 증가하고 있는 것을 볼 수 있다. 알파고가 이세돌을 이긴 게 2016년 3월이었다. 2016년 10월에는 영국 런던대와 미국 펜실베이나 주립대가 함께 개발한 인공지능은 법원의 판사역할을 대신할 수 있도록 수만은 판례를 학습했다고 한다. 이렇게 영화 속 상상이 현실이 되고 있는 오늘날 이러한 기술의 발달은 사람들로 하여금 취업에 대한 불안감을 더욱더 커지게 하고 있다. 그러나, 취업을 앞두고 있는 학생들이 선택할 수 있는 직종의 종류나 규모도 과거에 비해 더욱 줄어들고 있지만, 유투버와 같은 과거에 없던 직종들도 새롭게 생겨나고 있기에 앞으로의 직업에 대한 탐구와 그를 위한 준비가 더더욱 절실히 요구된다고 볼 수 있다.

최근, 인기리에 방영한 채널 A의 '신입사원 탄생기 -굿피플' 이라는 프로그램을 보면 프로그램의 시작과 끝은 로펌에 들어가고자 하는 인턴들의 면접장면으로 구성되어 있다.

이 프로그램을 보면서 지원자들의 면접보는 광경은 많은 시청자이 공감하고 프로그램에 더 빠져들게 하였다. 아무리 고학력의 소유자라도 혹은 다양한 스펙을 가진 지원자라고 해도 면접이 없이는 그 회사에 들어갈 수가 없습니다. 그렇다면 면접이 왜 필요할까요? 여러분이 한 회사를 경영하는 경영자 또는 임원진이라고 생각해 봅시다. 만약 여러분이 경영인 혹은 임원이라면 지원자가 작성한 이력서와 각종 증명서, 성적만을 가지고 그 지원자의 입사 여부 즉, 당락을 결정할 수 있을까요? 나와 함께 일을 해야 할 사람, 내 회사에서 나의 부서에서 나의 선후배들과 함께 일을 해야 하는 사람을 뽑는다면 당연히 그 사람과 직접 대화를 나눠 보면서 지원자의 성격과 성향, 의지 등을 파악해 보고 싶을 것입니다.

이렇게 면접에 대한 중요성이 부각되면서 TV프로그램에서도 면접을 준비하는 내용을 다루기도 하지만, 사교육업체에서 면접특강으로 수익을 내기도 하고, 각종 유투브 채널이나 블로그만 보아도 각양각색의 직종에서 다루는 면접을 준비하는 방송들, 컨텐츠 등을 볼 수 있습니다. 또한, 최근에는 학생들끼리 모여서 면접을 준비하는 면접 스터디 모임도 종종 하기도 하는데, 이것은 잘되는 경우야 너무 좋겠지만 때로는 전문가와 상의 없이 학생들이 제대로 된 방향을 잡지 못하고 어영부영 시간만 낭비하게 될 수도 있으므로 주의해야 합니다.

02 면접을 보는 이유

우리는 누구나 면접을 봅니다. 직장을 잡기 위해서도 면접을 보고, 친구들과 미팅을 하면서도 면접을 봅니다. 한 학기 강의가 시작되면 강의 첫 주에 서로 자기소개를 하면서 서로가 서로에게 면접을 보기도 합니다. 이러한 행동들이 모두 다 면접이라고 할 수 있습니다. 상대방의 얼굴을 처음 보고, 표정을 보면서 말하는 것을 들으면서 저 사람이 어떠한 사람인지를 파악하는 것, 그것 또한 면접이라고 할 수 있습니다.

여러분은 모르는 남을 처음 봤을 때 그 사람을 무엇으로 파악하나요? 대부분의 사람들은 상대방의 외모나 표정, 걸음걸이, 자세, 대화표현법, 목소리 등으로 그 사람을 판단하게 됩니다.

첫인상이 중요하다는 말은 다들 들어보셨죠? 아마도 여러분들은 입시준비 경험이 있기 때문에 면접에 임해본 경험이 모두 다 있을 거라고 생각합니다. 때로 노련한 학생들도 종종 있습니다. 하지만, 대부분의 사람들에게 면접은 긴장되는 순간임이분명합니다.

그럼 먼저 면접에서 보여지는 모습을 크게 두 가지 측면, 외적인 부분과 내적인 부분으로 나누어 설명해 보도록 하겠습니다.

먼저 외적인 부분에 대해 얘기해 보겠습니다. 외적인 부분에는 여러 가지가 있으니 순서대로 알아볼까요?

1) 외모

아무래도 처음에 보이는 것은 당연히 외모입니다. 키가 크고 작고, 뚱뚱하고 마르고, 피부색이나 헤어스타일, 얼굴 생김새 등이 외모에 들어간다고 할 수 있는데 여러분은 어떠한 외모가 좋으세요? 외모에 따라서 우리는 사람에 대해 긍정적인 첫인상을 갖기도 합니다. 외모를 성형으로 바꾸는 사람도 더러 있지만, 획일화된 성형으로 인해 오히려 불리한 첫인상을 줄 수도 있습니다. 자신의 외모를 가꾸기 위해서는 평상시 피부관리를 열심히 해주는 것도 좋은 방법이 될 수 있겠지만, 한 가지 더 덧붙이자면 헤어 스타일을 말할 수 있습니다. 헤어스타일은 한 사람의 분위기를 결정짓는데 매우 중요한 역할을 합니다. 복장과 헤어스타일은 그 사람의 라이프 스타일까지도 표현해 줄 수 있는 방법입니다. 따라서, 헤어 스타일에 따라 신뢰감을 주는 인상이 될 수도 있고, 자유분방한 이미지를 줄 수도 있는 것입니다. 내가 지원하는 곳, 내가 들어가고 싶은 회사에서 원하는 이미지를 알고 그에 걸맞는 모습으로 준비하는 것이 필요하겠습니다.

2) 표정

어떤 사람들은 표정과 외모를 같이 생각하기도 하는데 그것은 큰 오산이라고 할 수 있습니다. 못생긴 외모에 매력적인 표정을 가진 사람들도 있고, 매력적인 외모를 가졌으나 기분 나쁜 표정을 가진 사람도 있기 때문입니다. 표정을 보면 상대가 어떤 기분이고 어떤 마음인지를 금방 알 수 있습니다. 긍정적인 사람이라면 밝은 미소를 가지고 있겠지요? 또, 친근한 표정을 가진 사람은 상대방에게 호감을 주기 마련입니다. 제아무리 아름답고 완벽한 외모를 가진 사람이라고 할지라도 따뜻하고 밝은 표정이 없는 사람은 상대방에게 호감을 주기 어렵습니다.

3) 커뮤니케이션

가끔씩 학생들을 만나다 보면, 가끔씩 너무나 기계적으로 진심이 전혀 느껴지지 않게 답변을 하는 학생들을 만납니다. 과거에는 다른 직종에 비해 항공 산업 종사자들은 이렇게 답변하더라 하는 선입견이 있기도 했었습니다. 하지만, 지금 이 시대는 획일화된 답변과 말투를 요구하는 시대가 아닙니다. 면접에서는 무언가 자신만의 장점과 의지가 확실한 열정적인 인재를 요구합니다.

그렇다면 면접을 왜 보는 걸까요? 앞으로 일하는 신입 사원을 뽑는데 있어서 우리 회사와 우리 직원들과 우리 고객들과 잘 어우러질 사람을 골라내려는 것이겠지요.

만약 여러분이라면 어떤 사람을 뽑고 싶으세요? 착한 사람? 성실한 사람? 겸손한 사람? 당당한 사람? 친절한 사람? 업무지식이 해박한 사람? 열정적인 사람? 노력하는 사람? 도전하는 사람? 다 좋습니다. 하지만, 반대로 잘난척하는 사람, 건방진 사람, 어눌한 사람, 무능해 보이는 사람, 게으른 사람, 기운이 없는 사람, 머뭇거리는 사람은 어떠한가요? 여러분이 면접관이라고 생각하고 여러분이라면 어떠한 사람을 뽑을 것인가 생각해 보면서 면접을 준비하면 올바른 면접 준비 방향으로 조금 더 나아갈 수 있을 것입니다.

여러분들은 아마 대부분 메러비안의 법칙에 대해서 들어본 적이 있으실 것입니다.

메러비안의 법칙은 UCLA대학의 교수이자 심리학자인 앨버트 메러비안 교수가 발표한 이론으로 사람이 상대에 대한 호감을 결정하는데 있어서 바디 랭귀지는 55%, 목소리는 38%, 말의 내용은 7%만 작용을 한다는 것입니다. 이것은 다시 말해 언어적 의사소통 내용 즉 면접 시 답변의 내용은 면접관의 지원자에 대한 호감도에 7%만 작용을 하고 그 외의 요소가 더 많은 영향을 준다고 생각해 볼 수가 있겠습니다. 물론, 그렇다고 해서 누구에게나 통하거나 모든 면접에서 통하는 이야기는 아닐 것입니다. 여기서 우리가 주목해야 할 것은 비언어적인 표현요소, 즉, 목소리나 표정, 자세, 걸음걸이, 시선처리와 같은 요소에 신경을 많이 써야 한다는 것입니다. 하지만, 제 경험상 질문에 답하는 내용에 자신이 없는 경우 다른 비언어적인 표현요소에도 악영향을 끼치게 되어있습니다. 잘 모르는 내용이거나 답변의 내용이 부족하다고 생각하게 되면 대부분의 지원자들은 자신감을 읽거나 긴장하게 되어서 목소리가 떨리기도 하고, 손가락을 움직이거나, 안절부절 할 수도 있겠지요?

올바른 주관을 가진 답변의 내용

뉴스를 진행하는 아나운서 손석희를 보면, 정확하게 말하고 자신이 생각하는 주장을 펼칠 때는 논리를 가지고 말합니다. 인터넷에서 화제가 되었던 손석희 아나운서와 프랑스의 여배우 브리짓 바르도의 전화를 통해 나누었던 대화를 기억하시나요? (수많은 프랑스인들이 우리나라의 개고기 문화에 대해 부정적인 시각을 가지고 있다는 것은 이 글을 읽는 여러분들도 알고 계실 것이라 생각합니다.)

손석희 아나운서는 그녀에게 "인도사람들은 소고기를 먹지 않지만, 다른 나라 사람들이 소고기를 먹는다고 해서 그것에 대해 반대하지 않습니다......" "한국인 중 개고기를 먹는 사람이 얼마나 될까요?" 이 대화를 통해 브리짓 바르도는 흥분하고 당황했지만, 손석희 아나운서는 한국인을 미개한 사람들로 취급하는 것에 대해서 정확한 객관적 근거를 요구하기도 하였던 것이죠. 이렇듯 논리적으로 말할 수 있는 것은 진정한 재능이 아니라고 할 수 없습니다. 풍부한 감성을 소유한 배우와 논리로 무장된 아나운서의 대화라서 당연하다고 생각하는 사람이 있을지도 모르겠습니다. 물론 누구나 하루아침에 논리적으로 말하는 방법을 터득할 수는 없습니다. 이글을 읽고 있는 여러분들은 그러한 노력, 논리적으로 설명하는 연습을 해보시길 추천드립니다.

상대방이 듣기 편안한 목소리, 발음

좋은 목소리란 어떠한 목소리일까요? 여러분들은 본인의 목소리가 어떠하다고 생각하나요? 성우의 목소리는 하늘이 내린 목소리라고 합니다. 우리들은 모두 성우처럼 목소리가 좋을 필요는 없습니다. 다만 정확하게 발음하고 잘 들리게 말한다면 더 좋을 것입니다.

그럼, 좋은 목소리의 조건을 알아보겠습니다.

좋은 목소리가 가진 의미는 대체적으로 다음과 같습니다.

1) 발음이 정확해야 합니다.

2) 편안하고 안정감이 있는 톤이 좋습니다.

3) 말이 지나치게 빠르지도 느리지도 않아야 합니다.

4) 어두움 목소리보다는 밝은 목소리가 좋습니다.

5) 어린 아이처럼 느끼게 되는 목소리가 아니어야 합니다.

학생들을 가르치다 보면 간혹 발성이 남다른 친구들이 있습니다. 이런 경우 대부분 태어날 때부터 타고난 친구이거나 연습을 많이 했거나 혹은 성악이나 보컬을 준비했던 친구들입니다. 즉, 노래를 하는 친구들은 발성 연습을 많이 했던 터라 소리의 전달과 울림이 좋습니다. 평소 호흡 연습을 꾸준히 해서 폐활량을 키우는 것도 도움이 될 것입니다.

항공사 승무원 면접평가요소

평가 요소	평가 내용	
이미지	바른 자세	
	단정한 용모	
	밝은 표정	
	깔끔한 복장	
스피치	정확한 발음	
	알맞은 목소리톤	
	적당한 말의 속도	
	따뜻한 말씨와 말투	
	적절한 시선처리	
	경청 및 이해력	
	표현력 및 은어의 미사용	
성격	성실성	
	지구력	
	적극성	
	명랑성	
	침착성	
업무지식	자기표현력	
	정확성	
	사고력	
	창의력	
	위기대처능력	
포부	목표의식	
	직업의식	
	자기계발	
외국어 능력	의사소통 능력	
교양	상식 / 지식	
기타	특기	

Chapter 02

면접 준비

01 인성 vs 스펙

과거 선비들은 4서 5경을 읽어 지식과 소양을 쌓았습니다. 4서는 대학, 논어, 맹자, 중용을 가리키는 것이며 역경, 서경, 시경, 예기, 춘추를 5경이라고 합니다. 소학은 조선시대 사대부 가문의 필독서였으며 성종, 영조 등 여러 왕들 또한 백번이 넘도록 읽었다고 합니다. 이 중 소학을 읽어보면 아래와 같은 글귀가 나옵니다.

"귀를 기울려 비스듬한 자세로 듣지 말아야 하며, 고함쳐서 대답하지 말아야 하며, 고함쳐서 대답하지 말아야 하며, 곁눈질해서 흘겨보지 말아야 하며, 게으르고 나태한 몸가짐을 갖지 말아야 한다. 걸어 다닐 때에는 거만한 모습을 보이지 말아야 하며, 서있을 때에는 몸을 한 쪽 발에만 의지해서 비스듬히 서있지 않아야 하며, 앉을 때에는 두 다리를 쭉 뻗고 앉지 않아야 하며, 잘 때에는 엎드려 자지 말아야 한다.......(중략)

남의 신발을 밟아서는 아니 되며 남의 자리를 밟아서도 아니 되며 옷을 치켜들고 빠른 걸음으로 구석자리에 가서 앉아야 한다. 자리에 앉고 나서는 반드시 신중하게 대답해야 한다.

발걸음은 신중하고 손은 공손해야 하며 눈은 단정하고 입은 다물고 있고 말소리는 조용조용하고 머리는 곧게 해야 하고 기운은 엄숙하고 서있는 모습은 덕이 있어야 하며 낯빛은 장중해야 한다."

인성교육진흥법

2014년 법안이 국회를 통과하였으며, 2015년 1월 공포후, 6개월 후인 2015년 7월 21일부터 시행된 인성교육을 의무로 규정한 세계 최초의 법이다. 이 법에 명시된 인성교육의 정의는 "자신의 내면을 바르고 건전하게 가꾸며 타인, 공동체, 자연과 더불어 사는 데 필요한 인간다운 성품과 역량을 기르는 것을 목적으로 하는 교육"이다.

그림 2_ 인성교육진흥법 (법제처, www.law.go.kr)

과거에 소학은 생활 속에서 실천할 수 있는 학문이고, 소학을 읽지 않은 사람은 대학을 읽지 않게 했다고 합니다. 또한, 공자, 맹자를 공부하기 전에 최우선적으로 읽혔던 책이 바로 소학이었다고 합니다. 최근 들어 우리나라 학생들의 인성에 대한 문제들이 언론에 많이 나오곤 하는데요. 면접관들에게도 어떤 요인이 가장 영향을 주냐고 물어보면 대부분 스펙보다 인성이라고 합니다. 우리나라는 2015년부터 세계 최초로 인성교육진흥법을 시행하고 있습니다. 인성의 중요성이 강조되는 오늘날, 면접을 보는 것 또한 그런 취지에서 보는 것이기 때문에 면접을 준비하는 학생이라면 한번쯤 마음속에 새겨볼 만한 글귀가 아닐까 생각합니다.

수많은 학생들이 가장 어려워하고 또 가장 오랫동안 준비하는 게 바로 면접입니다. 이 책을 읽는 학생들의 대부분은 아마도 대학입시를 위해서도 면접을 준비했을 것입니다. 또, 지금은 취업을 위해서 면접을 준비하고 있을 것이라고 생각됩니다. 면접을 보고 당당히 취업한 학생들에게 노하우를 물어보면 운이 좋았다고 말하는 학생들도 있지만, 운이 좋았던 그 학생들도 대부분 오랫동안 끈기 있게 자신을 갈고 닦으며 준비한 결과 그러한 행운이 따랐던 것이라고 볼 수 있습니다. 노력 없이 찾아오는 행운은 정말 매우 드뭅니다.

많은 언론에서 요즘 세대들을 가리켜 N포 세대라고 하며 심각한 취업난과 미래에 대한 어려움을 가진 세대라고 한다. 또한, 4차 산업혁명으로 곧 다가올 미래에 수많은 직업이 사라질 것을 경고하기도 한다. 그러나, 유투버와 같이 새로운 직업들이 생겨나고 있다. 살기 힘든 세상이라고 해서 포기하기보다는 오히려 틈새를 노려서 전략을 잘 짜서 이 시대가 원하는 인재상에 본인이 잘 걸맞는 사람인지 스스로를 제대로 바라보고 자신의 강점과 약점을 잘 찾아서 강점은 더 보강해서 탁월하게 만들고 단점은 보완해서 약점으로 잡혀서 탈락의 이유가 되지 않게 만들어야 할 것입니다.

그렇다면, 지원자에게 필요한 스펙에는 어떠한 것들이 있을까요?

첫째, 다들 알고 계시는 영어성적입니다.

수포대포, 영포인포, 영포직포? 라는 말을 들어본 적이 있을 것입니다. 이는 수학을 포기하면 대학을 포기하고, 영어를 포기하면 직장을 포기해야 한다고 사람들이 우스갯소리로 하는 이야기입니다. 또는 영어를 포기하면 인생을 포기해야 한다는 의미라고 합니다. 대학에 진학해 본 사람이라면 누구나 알겠지만, 수학에서 대학선택의 폭이 달라진다는 것은 이미 많은 사람들이 경험해보았고 공감하는 사실입니다. 또한, 영어가 직장선택의 폭을 달라지게 한다는 것도 역시 여러분들의 선배들에게 많이 들어보았을 것입니다. 그만큼 많은 직장에서 영어실력은 매우 중요합니다.

특히나, 세계 수많은 노선에 취항하고 있고, 다국적 고객을 대상으로 근무해야 하는 항공사의 입장에서는 직원의 영어실력은 당연히 중요할 것입니다. 대학에 입학한 학생들에게 교수님들께서 수없이 강조하고 또 강조하는 것 역시 바로 영어점수입니다. 채용조건에 대부분의 국내 항공사의 자격기준에 토익 550이상이라고 나와 있지만, 실제로 최근 항공사에 들어간 지원자들에게 물어보면 같이 들어간 동기들의 영어점수가 550점보다 훨씬 높다고 합니다. 갈수록 지원자들의 경쟁은 치열해지고 있고, 따라서, 본인의 노력여하에 따라 달라질 수 있는 영어점수에 많은 지원자들이 노력하고 경쟁하고 있습니다. 여러분들도 어학점수를 준비한다면 훨씬 더 유리할 것입니다.

둘째, 학점입니다.

학점은 지원자의 성실성과 끈기를 보여주는 증거입니다. 많은 학생들이 학점 때문에 경쟁이 치열하다는 것을 모르고 있는 입사담당자는 없을 것입니다. 그렇기 때문에 꼭 4.0이 넘지 않더라고 무난한 정도의 학점평균을 기준으로 제시하고 있는 것입니다. 인사담당자들 역시 여러분들과 마찬가지로 대학생활을 경험해 보았기 때문에 학점취득의 어려움도 다양한 교수님들과 다양한 동기, 선후배들과 했던 팀 프로젝트의 어려움과 성취감등도 모두 다 경험했고, 이해하고 있습니다. 그러기에 평균평점이 너무 낮은 지원자의 경우 성실해 보이지 않을 수 있습니다. 물론, 학점의 중요도는 그리 높지 않아서 평균 B 학점 이상이면 걱정할 필요가 없습니다.

셋째, 자격증입니다.

대부분의 기업에서 업무에 필요한 자격증을 요구하기도 합니다. 국가 공인 자격증의 경우 선택이 가능한데, 항공사의 경우 회사마다 기입할 수 있는 자격증이 다릅니다. 예를 들어, 현재 일부 저비용항공사에서는 CS 리더스 관리사 자격증, SMAT 서비스경영자격증 등도 기입할 수 있게 되어 있으니 참고하시기 바랍니다. 하지만, 자격증이 채용에 도움을 주지만 당락을 결정하진 않습니다.

넷째, 인턴경험입니다.

대학시절 기업에서 진행하는 인턴경험을 하는 학생들이 있습니다. 학점을 따기에도 바쁜 대학시절에 인턴경험까지 한 지원자라면 굉장히 적극적인 학생이었을 것입니다. 이러한 경우, 인사 담당자에게 매우 열정적이고 부지런한 이미지를 줄 수 있습니다. 따라서, 기회가 있다면 다양한 인턴경험을 쌓는 것이 좋습니다.

또한, 최근 항공사의 경우를 보면 경력직을 뽑는 경우가 종종 있습니다. 그래서, 주변에 여러 군데의 항공사에 모두 재직해본 분들도 가끔 볼 수가 있고 경쟁사 무관하게 채용이 이루어지고 있습니다. 이때는 기간과 회사명을 정확하게 작성하시고 추후에 경력증명서를 제출해야 합니다. 물론, 허위사실을 기재할 경우, 입사가 취소됩니다.

다섯째, 해외경험 및 봉사활동이 있습니다.

해외에서 유학한 경험이 있다고 하면 호감을 갖기 쉽습니다. 다국적 고객을 대상으로 하는 기업이기 때문에 외국어 실력을 갖춘 지원자는 당연히 매우 환영받습니다. 요즘 학생들은 어린 시절부터 다양하게 해외 어학연수나 유학경험이 있는 친구들이 꽤 많습니다. 십여 년 전만해도 해외경험이 있다고 하면 당연히 외국어 능력이 뛰어날 것이라고 생각하기도 하였지만, 실제로는 그렇지 않은 경우가 있습니다. 해외에서 학교를 다녔다면 그것을 증명할 서류도 준비하시고, 외국어 시험은 국내에서 인정받는 공인시험을 치러서 요구되는 자격을 준비하시기 바랍니다.

02 직업의 의미

여러분에게 직업은 어떠한 의미입니까? 왜 직업을 가지려고 하십니까? 여러분의 대학 전공을 어떻게 선택하셨나요? 직업의식은 '개인이 어떠한 직업에 대해 느끼는 특유한 의식, 가치, 보람, 태도(김영주,2015)'라고도 정의합니다.

한국직업능력개발원의 보고 자료에 의하면 2008년도와 비교했을 때 2018년도에 우리나라 국민들의 직업의식은 많은 변화가 있었다고 합니다. 20여 년 전의 조사에서는 직업을 갖고자 하는 이유를 묻는 질문에 대한 답변이 가족을 위해. 경제적 자립, 노후대책, 삶의 의미, 자아실현이었다면 2018년도의 조사에서는 노후대책, 사회적 지위 확보라는 답변의 순위가 올라갔습니다. 한국인의 직업의식 및 직업윤리는 (한국인의 직업의식 및 직업윤리, 한상근, 2018)

우리나라 교육부 진로정보망 '커리어넷'(https://www.career.go.kr)에 들어가 보면 진로 심리검사, 진로 상담을 비롯해서 다양한 학과에 대한 정보, 직업에 대한 정보를 얻을 수 있습니다.

직업을 가지려는 이유

내가 갖고 싶은 직업

그 직업을 갖고 싶은 이유

그 직업에 필요한 역량

내가 가진 자질과 능력

그 직업(예, 항공사 승무원) 과 나 자신과의 적합성

03 나의 이미지 체크

	내가 생각하는 나의 이미지	타인이 생각하는 나의 이미지	차이
외적 이미지			
내적 이미지			

04 SWOT분석

1) SWOT 분석

SWOT 분석은 미국 경영컨설턴트인 알버트 험프리(Albert Humphrey)에 의해 고안된 환경 분석도구로 기업의 내적 환경과 외부환경을 강점, 약점, 기회, 위협 요인으로 구분하여 경영 전략을 세우기 위한 기업이 처한 환경 분석 방법입니다. 강점(Strength), 약점(Weakness), 기회(Opportunity), 위협(Threat)의 머리글자만 모아서 내적인 면을 분석하는 강점과 약점, 외적인 면을 분석하는 기회와 위협으로 SWOT분석을 통해 경영인들은 자신의 회사가 처한 상황을 파악할 수 있다. 방법이 간단하고, 이해가 쉬워 다양한 분야에서 응용되고 있으므로 여러분들도 자신에 대한 이해를 위해 SWOT분석방법을 이용할 수 있습니다.

이 분석으로 여러분의 강점과 약점, 또 주어진 조건 속에서의 기회요인과 위협요인을 파악해서 강점을 활용하여 기회는 최대한 살리고, 약점을 보완하여 위협요인은 줄여봅시다.

-SO전략(강점-기회 전략) : 강점을 살려 기회를 포착

-ST전략(강점-위협 전략) : 강점을 살려서 위협을 회피

-WO전략(약점-기회 전략) : 약점을 보완하여 기회를 포착

-WT전략(약점-위협 전략) : 약점을 보완하여 위협을 회피

〈 SWOT 분석을 통한 SELF – CHECK 〉

강점(Strength)	약점(Weakness)

기회(Opportunity)	위협(Threat)

05 면접 답변 방법

면접 답변은 어떻게 해야 할까요?

면접답변이라고 해서 일반적인 대화와 크게 다르지는 않습니다. 평소에 많이 연습해서 자연스럽게 자신의 것으로 만들어야 합니다.

요크스-다드슨 법칙을 들어보셨나요? 미국 캘리포니아에서 전문 스쿠버 다이버들이 순간 바다 속에서 공포심이 생겨 당황하여 익사하는 경우가 해마다 수십 건에 달한다고 합니다. 실제로 철저하게 훈련받은 스쿠버다이버들의 경우에 15m정도의 깊이면 물위로 거뜬히 떠오를 수 있는 깊이임에도 익사하는 것은 갑자기 공포감을 느껴서 심리적으로 당황했기 때문입니다. 다시 말해, 가만히 있기만 해도 떠올라서 살 수 있는데도 불구하고 입에 끼운 산소통 마스크를 뺀 채로 발견되는 것입니다.(소비자 심리의 이해, 홍성태) 즉, “연습은 실전같이, 실전은 연습같이” 해야 좋은 결과가 나오게 됩니다.

연습할 때에는 연습이라고 해서 대충하지 말고 반드시 실전처럼 긴장하며 연습해야 하고, 실전에서는 너무 긴장하면 당황해서 좋지 않을 결과를 가져올 수 있으므로 편안하게 심호흡하며 그동안 많이 준비했다는 자신감을 갖고 임해야 원하는 좋은 결과를 얻게 되는 것이지요. 이것은 면접뿐만이 아니라 우리 일상생활의 많은 부분에서 적용할 수 있습니다. 면접을 준비하시는 여러분들은 연습을 대충하지 마시고, 열정을 가지고 집중해서 많이 연습하시기 바랍니다. 십여 년 동안 취업준비생들의 면접을 준비하면서 정리한 면접 답변 방법은 아래와 같습니다.

면접답변의 원칙!!

1. 바른 자세로 이야기한다.

모든 것은 올바른 자세에서 시작합니다. 밥을 먹을 때에도 잠을 잘 때에도 공부를 할 때에도 바른 자세로 임해야 좋은 결과로 이어지고, 이것을 면접을 볼 때에도 적용됩니다.

특히나 여러명이 함께 들어가는 면접장이라면 상대적으로 옆 지원자와 비교 평가될 수 있습니다. 바른 자세와 바른 시선, 바른 표정으로 면접에 임할 수 있도록 합시다. 올바른 자세는 올바른 결과의 기본입니다.

2. 너무 부자연스럽게 달달 외워서 말하는 느낌이 들지 않게 자연스럽게 이야기한다.

학원이나 개인과외로 인해 생기는 부작용이 바로 이것입니다. 면접을 보다보면 더러 기계적으로 지나치게 인위적으로 준비된 어색한 모습을 보여주면 사람들이 있습니다. 마치 자동판매기처럼 정말 누르기만 하면 툭하고 답변이 튀어나올 것 같기도 하지요. 예로부터 과유불급이라고 했습니다. 무엇이든지 지나친 것은 좋지 않습니다. 계속해서 반복되는 이야기인데요, 연기자가 아니고서야 자신의 모습과 다른 모습, 연출된 모습을 보여주는 것은 그렇게 쉬운 일이 아닙니다. 따라서, 본인이 원하는 직종에 적합한 사람이 되고, 그러한 자신의 모습을 솔직하고 자연스럽게 보여주는 것이 가장 좋은 결과를 가져올 수 있습니다.

3. 동문서답하지 않는다.

간혹 면접질문에 답변 시 질문자의 의도와는 전혀 상관없이 자기가 하고 싶은 이야기만 답변하는 지원자들이 있습니다. 이럴 경우, 말귀를 알아듣지 못하는 사람이거나 혹은 센스가 없는 사람이라고 생각이 될 수 있으므로 질문을 받을 때 잘 경청해서 듣고 공손하게 답변하도록 합니다. 지원자의 나이와 경력에 맞지 않게 지나치게 성숙한 모습, 혹은 지나치게 어려보이는 말투를 구사한다면 그것 또한 감점요소가 될 수 있습니다.

4. 밝은 표정으로 대화하는 느낌으로 답변한다.

웃는 얼굴에 침 못 뱉는다고 했습니다. 웃음이 주는 효과는 수많은 학자들이 이미 입증한 바 있습니다. 뽑아달라고 하는 입장은 면접관에게 잘 보여야 하는 게 당연하겠죠? 따라서 상대방에게 호감을 주는 밝은 표정으로 밝고 당당하게 열정적으로 답변하면 더 좋은 점수를 얻게 됩니다. 어두운 표정으로 말하거나 쭈뼛거리면서 말한다거나 하면 어떤 느낌이 드는지 여러분들도 모두 다 잘 알고 계실 것이라 생각합니다.

5. 다른 지원자가 답변할 때에도 무관심한 표정으로 있지 말고 경청하는 느낌이 들게 한다.

자신의 차례에는 정말 밝은 표정으로 활기차게 답변을 하다가도 다른 지원자가 이야기할 때에는 갑자기 먼 산을 바라본다거나, 무표정해지는 것도 조심해야 할 점입니다. 우리는 생각보다 남에게 관대하지도 않고, 생각보다 오랜 시간동안 바른 자세와 표정을 유지하기도 쉽지 않습니다. 카메라가 꺼진 뒤에야 비로소 알 수 있는 실제모습처럼 자신의 순서가 아닐 때에도 다른 사람의 답변을 경청하여 듣는 것이 더 성의 있어 보입니다. 약간은 참을성과 끈기가 더 필요하겠습니다.

6. 사투리는 가급적 지양하고 경어를 사용하며 이야기한다.

때로는 사투리가 매력적이고 장점으로 보여 질 수 있기도 합니다. 하지만, 대부분의 입사면접의 경우는 표준어를 구사하는 것이 면접관에게 더욱더 신뢰감을 줄 수 있습니다. 특히나 승무원들은 기내방송을 해야 하기 때문에 표준어를 요구하는 게 일반적입니다.

7. 질문에 답할 때 결론부터 말하고 부연설명을 간략하게 한다.

답변의 길이는 최소한 질문보다는 길게 답변해야 한다. 때로 질문이 길 수도 있으나, 답변의 길이는 어느 정도 설명이 되는 길이로 답변해야 합니다. 너무 짧게 답변하면 성의가 없어 보이고, 너무 길게 답변하면 센스가 없어 보이기도 하며 이럴 경우 중간에 정지시키기도 합니다. 또한, 설명을 앞에서 하고 결론을 뒤에서 말하는 것 보다 결론을 앞에서 말하고 부연설명을 하는 것이 더 귀에 잘 들어옵니다.

8. 압박질문을 받아도 당황하지 말고 차분하게 답변한다.

압박질문을 누가 받을지는 모릅니다. 혹시 압박질문을 받더라도 당황해서 면접관과 싸우는 듯한 인상을 주거나 혹은 너무 당황한 나머지 목소리가 기어들어가는 등 어설픈 모습을 보이지 않는 것이 좋습니다. 너무 자기 의견을 고집하고 고집 센 모습을 보이면 감점 요인이 됩니다.

9. 입사하고자 하는 회사에 대해 들어가고자 하는 열정을 보인다.

질문자가 파악하고자 하는 것이 무엇인지 생각하고 말합니다. 여러분께 질문하는 면접관은 누구이고 어떤 지식과 경험을 가지고 있으며 여러분께 요구하는 것은 무엇일까요? 면접관은 대부분 지원자가 입사하고자 하는 회사의 운영진이거나 임원입니다. 그렇다면, 회사를 운영하는 입장에서 채용하고자 하는 인재상은 무엇일까요? 면접을 준비할 때 반드시 그 회사홈페이지에 들어가서 인재상과 비전을 알아보고, 본인이 그에 부합하는 인재상이라는 것을 보여주도록 노력합시다.

10. 본인의 진심으로 솔직하게 답변해서 면접관을 감동시킨다.

자신의 모습을 있는 그대로 보여주면 됩니다. 사람들은 인위적인 모습에는 불편함을 느끼지만 솔직한 상대방의 모습에서 감동하고 인간적인 매력을 느끼곤 합니다. 1963년 워싱턴 DC에서 있었던 마틴 루터 킹 목사의 연설은 18분이 채 안되지만, 이후 미국의 역사를 바꾸어 놓은 연설로 유명합니다. 다음은 연설문 중 일부를 발췌했습니다. 여러분도 마틴 루터 킹 목사님이라고 생각해보고 진심을 담아 연설문은 읽어보십시오. 앵무새처럼 남이 써준 이야기를 그냥 읽는 지원자는 열정이 없고 성실해 보이지도 않습니다. 자신의 이야기를 진심을 담아 전달할 때 면접관의 가슴에 꽂히게 됩니다. 면접관도 지원자와 마찬가지로 학창시절을 보냈고, 취업을 위해 새벽에 일어나 공부하며 열심히 달렸던 경험이 있습니다.

나에게는 꿈이 있습니다.(1963)

내게는 꿈이 있습니다. 언젠가 이 나라가 모든 인간은 평등하게 태어났다는 것을 자명한 진실로 받아들이고, 그 진정한 의미를 신조로 살아가게 되는 날이 오리라는 꿈입니다.

언젠가는 조지아의 붉은 언덕 위에 예전에 노예였던 부모의 자식과 그 노예의 주인이었던 부모의 자식들이 형제애의 식탁에 함께 둘러앉는 날이 오리라는 꿈입니다.

언젠가는 불의와 억압의 열기에 신음하던 저 황폐한 미시시피 주가 자유와 평등의 오아시스가 될 것이라는 꿈입니다.

나의 네 자녀들이 피부색이 아니라 인격에 따라 평가받는 그런 나라에 살게 되는 날이 오리라는 꿈입니다.

오늘 나에게는 꿈이 있습니다. 어느 날 모든 계속에 높이 솟아오르고, 모든 언덕과 산은 낮아지고, 거친 곳은 평평해지고, 굽은 곳은 곧게 펴지고, 하나님의 영광이 나타나 모든 사람이 함께 그 광경을 지켜보는 꿈입니다.

나의 조국은 자유의 땅, 나의 부모가 살다 죽은 땅, 개척자들의 자부심이 있는 땅, 모든 산에서 자유가 노래하게 하라.

미국이 위대한 국가가 되려면, 이것은 반드시 실현되어야 합니다.

그래서 자유가 뉴햄프셔의 거대한 언덕에서 울려 퍼지게 합시다.

자유가 뉴욕의 큰 산에서 울려 퍼지게 합시다.

자유가 펜실베니아의 앨러게니 산맥에서 울려 퍼지게 합시다.

콜로라도의 눈덮인 로키 산맥에도 자유가 울려 퍼지게 합시다.

캘리포니아의 굽이진 산에서도 자유가 울려 퍼지게 합시다.

조지아의 스톤 마운틴에서도 자유가 울려 퍼지게 합시다.

테네시의 룩아웃 산에서도 자유가 울려 퍼지게 합시다.

미시시피의 모든 언덕에서도 자유가 울려 퍼지게 합시다.

모든 산으로부터 자유가 울려 퍼지게 합시다. 자유가 울려 퍼지게 할 때, 모든 마을, 모든 부락, 모든 주와 도시에서 자유가 울려 퍼지게 할 때, 우리는 더 빨리 그 날을 향해 갈수 있을 것입니다. 신의 모든 자손들, 흑인과 백인, 유태인과 이교도, 개신교도와 가톨릭 교도가 손에 손을 잡고, 옛 흑인 영가를 함께 부르는 그 날이 말입니다.

"드디어 자유, 드디어 자유, 전지전능하신 하나님,
우리가 마침내 자유로워졌나이다 !"

주한미국대사관 및 영사관 홈페이지 발췌 (http://kr.usembabassy.gov)

06 항공사의 면접 준비 3 요소

1) 인사 표정 자세

(1) 인사

인사는 모든 예절가운데에서도 가장 기본중의 기본이면서 상대방에게 자신의 첫인상을 심어주는 첫 관문이라고 할 수 있습니다.

올바른 인사 자세

① 바른 자세로 상대방을 바라보고 선다.
- 발 : 발꿈치를 붙이고 V자로 서거나, 십일 자로 서고, 무릎을 붙인다.
- 손 : 여자는 오른손이 위로 가게끔 하고, 남자는 왼손이 위로 가게끔 한다.
- 어깨 : 힘을 빼고 어깨선이 굽지 않게 바르게 편다.

② 가슴과 등도 자연스럽게 바로 편다.
③ 구령에 맞추어 면접관의 눈을 보며 인사한다.
④ 상체를 바르게 펴고 허리, 등, 목이 일직선이 되도록 하여 정중하게 30도 정도 굽힌다.
⑤ 잠시 멈춘다. 이때, 시선은 상대방의 발끝에서 1~2m 앞에 두고 0.5초 정도 멈추면 됩니다.
⑥ 굽힐 때 보다 천천히 다시 일어선다.
⑦ 차렷 자세로 서서 면접관을 바라본다.
⑧ 밝고 단정한 표정을 유지한다.

(2) 표정

표정이란 마음속의 감정이나 정서 따위의 심리 상태가 얼굴에 나타나는 것으로 얼굴에 나타나는 표정에서 그 사람의 심리 및 건강, 정신 상태를 알 수가 있다. 이는 다분히 주관적이며 순간순간 변화할 수 있습니다. 인상은 표정의 바탕이 되는 것으로 얼굴의 생김새나 골격을 말합니다. 대체로 객관적이고 어느 정도 고정되어 있으나, 세월이 흐름에 따라 변할 수 있습니다. 면접시 면접관에게 호감을 주는데 있어서 가장 결정적인 역할을 하는 것이 바로 표정입니다.

표정연습

① 눈썹 : 눈썹을 위, 아래로 움직인다.

② 눈 : 눈을 크게 뜨고 눈동자를 위, 아래, 좌우로 움직인다. - 얼굴근육 ; 입에 공기를 최대한 넣어서 위, 아래, 좌우로 움직인 후 한 번에 공기를 쫙 뺀다.

③ 입 : 입꼬리를 귀까지 당긴 후, 앞으로 최대한 쭉 내밀어본다.

④ 턱 : 턱을 좌우로 움직인다.

⑤ 코 : 콧잔등에 주름이 가도록 코를 찡그렸다 폈다를 반복해본다.

(3) 자세

걷는 자세 : 모든 자세의 기본은 차렷 자세입니다.

① 머리, 등, 허리가 일직선이 되도록 하고 시선은 정면을 본다.

② 턱은 바닥과 수평, 어깨는 양쪽이 수평이 되게 한다.

③ 팔은 힘을 빼고 자연스럽게 앞으로 45도 뒤로 15도 로 가볍게 허벅지가 스치도록 한다. 이때 팔을 꺾거나 앞이나 뒤로 가지 않게 하고 십일자가 되게 합니다.

④ 다리도 무릎을 붙이고 일직선이 되도록 섭니다.

⑤ 무릎은 곧게 펴고, 무릎이 스치도록 걷는다.

⑥ 발뒤꿈치를 찍으면서 걷지 말고 발전체를 디디도록 한다.

서있는 자세

① 머리, 등, 허리가 일직선이 되도록 하고 시선은 정면을 향하게 하고 턱은 당긴다.

② 아랫배에 힘을 살짝 주고 무릎은 붙이고, 발은 뒤꿈치를 붙여서 약간 V자가 되게 한다.

③ 손은 작은 계란은 깨지기 않게 쥐었다고 생각하고 치마 옆선, 또는 바지 옆선에 대준다.

Chapter 03

서류지원 – 이력서 및 자기소개서 작성 방법

항공사에 지원하는 첫 번째 관문은 바로 이력서와 자기 소개서 작성입니다. 수만 명의 지원자들이 지원을 했고 계속해서 지원은 이루어지고 있습니다. 인사담당자가 생각하는 이상적인 이력서와 자기소개서는 무엇일까요? 채용공고가 뜨고 나면 저에게도 수많은 이력서와 자기소개서가 오곤 합니다. 이때 학생들 중에는 정말 고등학교 취업과 진로상담 시간에 썼을 법한 내용을 그대로 들고 오는 학생도 가끔 있고, 또 아주 잘 써오는 친구들도 있습니다. 정말 곤란한 경우는 쓸 게 없다고 말하는 학생들입니다. 이력서는 대부분 자신의 신상이나 정확한 사실, 객관적인 정보로 채워지기 때문에 그나마 어려움이 적지만, 자기소개서는 너무나 천편일률적인 내용으로 작성해 오는 친구들이 많은 게 현실입니다. 솔직히 말씀드리면 10여 년간 학생들의 자기소개서를 첨삭해준 저도 자기소개서 작성은 쉽지 않습니다. 한 장의 종이에 나에 대해 내용을 어떻게 잘 쓸 수 있을까 고민하다보면 한두 시간 내에 끝낼 수가 없는 게 당연합니다. 여러분은 이력서와 자기소개서를 작성해 보신 적이 있나요? 오랫동안 고민해보고 심사숙고해서 여러 차례 작성해 보시기 바랍니다.

01 이력서

이력서란 인사담당자에게 수많은 지원자들 중에서 자신이 가장 적합한 후보자라는 것을 인식시키는 서류입니다. (워크넷 발췌) 대기업 혹은 중소기업, 관공서등 다양한 직종의 인사담당자들은 이력서를 통해 무엇을 얻으려고 할까요? 이력서 내용에는 객관적인 사실들이 대부분입니다. 가족관계, 출신학교, 학력, 자격증, 군복무, 어학점수, 사진, 나이 등을 파악할 수 있는 것이 바로 이력서입니다. 따라서, 이력서를 작성할 때에는 객관적인 사실만 정확하게 기록해야 하며 여기서 허위사실을 기록하거나 부풀려서 기록하는 경우 추후에 입사가 취소될 수 있습니다.

이력서에서 지원자에 대해 파악할 수 있는 내용들은 사진이 있는 경우 얼굴, 나이, 출신학교, 가족의 유무, 결혼 유무, 최종학력, 어학점수 등등인데, 하나씩 살펴보도록 하겠습니다.

(1) 사진

최근 들어 항공사의 경우는 이력서에 사진은 없애기도 했었으며 실제로 사진이 존재하는 경우에도 사실상 영향력이 그렇게 크지는 않다고 합니다. 이것은 최근 취업난이 이어지는 가운데 취업준비생들을 대상으로 승무원용 사진을 찍어주기도 하고 만들어주기도 하는 사설업체들이 너무나 많아서 가정경제에 부담으로 작용하지 않기를 바라는 항공사 경영진의 뜻도 있지만, 실제로 실물과 다른 사진이 너무나 많아서 사진을 신뢰하지 않게 된 것도 이유입니다. 준비하는 학생들의 입장에서는 종이 한 장 글씨 한자도 조심스레 준비하는 게 취업이라는 것도 너무나 이해가 됩니다. 따라서, 사진을 찍을 때에는 단정한 옷차림으로 반듯한 자세와 밝은 표정을 지으면서 최대한 깔끔한 사진을 준비하면 될 것입니다. 배경이 파랑이 좋겠느냐 갈색이 좋겠느냐 고민하며 시간낭비하지 마시고, 사진을 찍어서 준비했다면 그 외에 다른 내용을 채워나갈 준비를 하는 게 더 좋겠습니다.

2) 가족관계 및 인적사항

이력서에 본인 성명, 주민등록번호, 생년월일, 주소 등을 적게 됩니다. 이때는 있는 그대로 사실만 정확하게 적으면 되고, 합격이후 제출해야 하는 주민등록등본, 주민등록초본, 가족관계증명서와 동일하게 작성하면 됩니다.

가족관계는 사실상 당락에 영향을 주지 않는다고 봅니다. 요즘은 워낙 외동도 많고 형제가 많은 집도 있고 가족형태가 과거와 달리 너무나 다양해졌기 때문에 이것은 그리 신경 쓸 부분은 아닙니다.

3) 최종학력(학력사항)

최종학력의 경우, 지원 자격에서 기 졸업자 이외에 간혹 이듬해 2월 졸업예정자로 제한을 두는 경우가 있는데 가끔씩 한 학기 이상을 남겨두고 지원하는 학생들이 있습니다. 너무나 간절히 입사하고 싶은 마음은 이해하지만, 혹여 합격을 한다고 하더라도 한 학기 이상이 남아 있는 경우에 졸업이 가능한 대학은 국내에 없을 것입니다. 따라서, 잘 맞춰서 준비하면 걱정이 줄어들게 됩니다.

4) 학점평균

또, 학점을 기록하는 난이 있습니다. 학점은 대부분 2.5 이상이라고 지원조건에 나오게 되는 것인데요, 그 정도의 평점은 학교생활에서 성적장학금을 받지는 않았어도 때로 못 본 과목도 있고 잘 본 과목도 있고, 학교생활을 성실히 했다라는 증명이 됩니다. 대학생활은 과거 중학교, 고등학교 생활과는 달라서 스스로 자신이 수강신청도 하고 공강도 만들게 됩니다. 아침에 학교에 가지 않는다고 해서 학교에서 담임 선생님이 집으로 전화하지도 않습니다. 즉, 대학시절은 성인이 되어서 자기 생활을 스스로 조절하며 학업에 열중하게 되는 시기인 것입니다. 이 시기에 성실히 자기 스스로 생활을 했다는 증명을 해주는 것이 바로 학점입니다. 기업의 인사담당자들도 대학을 졸업했기 때문에 학점 받는 것의 어려움을 다 알고 있습니다. 그래서 학점 제한은 2.5 정도로 무난하게 두는 것입니다. 대학에 입학해서 학점관리를 안하면 안되는 이유를 다들 아셨지요?

5) 공인어학점수 및 자격증

이력서에서 가장 중요한 것은 어학점수와 자격증일 것입니다. 학생들의 영어 점수가 제일 중요하게 보이는 게 바로 이력서입니다. 다른 영역이 모두 같은 점수라면 영어를 더 잘하는 학생에게 더 유리할 것입니다. 또, 자격증의 경우는 지원하는 회사마다 인정해주는 자격증이 모두 다르므로 자신이 희망하는 항공사가 인정해주는 자격증의 종류를 사전에 파악해 두고 졸업전까지 미리 준비해 두면 더욱더 유리해질 수 있습니다. 간혹 인정해 주지 않는 자격증을 가지고 질문을 하는 경우가 있는데, 그 회사 방침이 그러하다면 그것에 맞추어 준비해야 하는 것이 당연할 것입니다.

6) 경력사항

과거에 근무했던 경험이나 인턴경험이 있으면 적으면 됩니다. 이때에도 허위사실을 적거나 부풀려서 적는 경우 불이익을 받거나 입사가 취소될 수 있겠습니다.

7) 수상경력

수상경력을 적게 되어 있는 이력서의 경우 사실대로 작성하면 됩니다. 이러한 항목이 사실상 학생들이 말하는 스펙이 됩니다. 다양한 대회에 참가했다거나 수상했다는 것은 그만큼 지원자가 열정적이고 적극적이라는 것을 증명해 보이는 것이므로 좋은 이미지를 줄 수 있습니다. 수상내역은 정확한 수상 명칭, 수상일시, 수상 기관을 적으면 됩니다.

8) 봉사활동

학생들의 대부분이 과거에 입시준비로 봉사활동을 한 두 번씩 해 본 경험들이 있습니다. 이 사실은 대한민국의 인사 담당자라면 누구나 알고 있는 사실입니다. 그래서 최근에는 봉사활동에 크게 비중을 두고 있지 않는 경우가 많습니다. 대학준비해서 대학에 입학

하고 졸업과 동시에 또 취업을 해야 하는 학생들이 학점 관리에 자격증 관리에 영어 및 제 2외국어 공부까지,, 해야 할 게 너무나 많은 학생들에게 봉사활동까지 요구한다면 너무 과할 것이라고 판단하기 때문입니다. 물론 꾸준히 지속적으로 열심히 하고 있는 봉사활동이 있다면 그것은 인성적인 측면을 드러내 주는 것이므로 도움을 줄 수 있습니다.

대부분의 기업에서 채용 시, 이력서 양식을 다운받게 하거나 인터넷 사이트에 접속해서 정해진 자체 양식에 맞추어서 기입하게 하는 경우가 대부분입니다. 본인이 지원하면서 희망회사의 홈페이지에 처음 접속해보는 학생은 없기를 바랍니다. 아직 1학년이라면, 혹은 졸업이 임박하지 않았다면 반드시 선배들이 입사 지원을 한다라는 소식을 들으면 본인도 채용 홈페이지에 접속해서 그 회사에서 원하는 스펙이나 그 회사의 이력서 양식, 자기소개서 질문을 미리 봐두는 게 좋겠습니다.

이력서 작성시 체크 요소

- 거짓을 쓰지 않는다.
- 간결하게 작성한다.
- 자격증 취득년도, 졸업년도 등의 날짜는 정확하게 찾아보고 작성한다. (사실대조필)
- 문서편집을 깔끔하게 해서 보기 좋은 문서로 자신의 첫 이미지를 보기 좋게 만든다.

02 자기소개서

앞서 알아본 이력서에 비해서 지원자들이 작성에 어려움을 호소하는 것이 바로 자기소개서입니다. 자기소개서는 지원자의 명함이라고 할 수도 있겠지만, 지원자의 얼굴이라고

도 할 수 있겠습니다. 자기소개서를 대필하는 학생들도 있다고 하는데 이것은 절대로 하지 말아야 할 것입니다. 자신에 대해 자기 자신보다 더 잘 아는 사람은 없습니다.

자기소개서에 들어가는 항목은 성장 배경, 성격의 장단점, 지원동기, 미래의 포부, 학창시절의 경험 등 평이한 내용을 묻는 항목이 대부분이었으나 근래에 와서 자기소개에 지원자 개개인의 개성과 가치관이 들어갈 수 있도록 난이도를 높여서 자신의 소신 및 경험, 기업에 대한 열정을 묻는 질문들이 많아졌다.

입사의 첫 관문인 서류전형은 전원이 자동 통과되는 단계가 아니라 서류심사로 기본자격이 없다고 판단되는 지원자를 걸러내는 단계이므로 심사숙고해서 잘 작성해서 제출해야 한다. 과거 필자가 서류제출을 하던 시절에는 일일이 서류를 뽑아서 봉투에 넣어서 우편으로 발송했었던 시절도 있었으나, 오늘날은 대부분 인터넷 웹사이트에서 온라인으로 직접 입력하게 하는 시스템이 대부분이다.

이때 주의해야 할 점은 지원자가 여러 곳을 지원하다보니 A회사에 지원하면서 B회사의 이름을 기입한다거나, 헷갈려서 혹은, 서류를 작성하면서 copy, paste를 잘못하면서 생기는 오류를 주의해야 한다.

1) 성장 배경

성장배경은 본인의 성장배경을 솔직하게 써야 한다. 면접관이 알고 싶은 것은 꾸며진 제 3의 인물이 아니라 지원자의 솔직한 모습이 알고 싶을 것이다. 엄격하신 아버지와 자상하신 어머니 밑에서 자라난 지원자는 그게 사실일지라도 글을 쓰는 문체에 따라서 너무나 식상하거나 지루하게 느껴질 수도 있으므로 스토리를 넣는다거나 표현을 구체적으로 한다거나 하여서 진실함이 느껴지게 써야 하겠다.

반대로, 불우한 유년시절을 겪고 자라났다고 해서 그것이 감점요인이 되지도 플러스요인이 되지도 않는다. 불우한 유년시절로 인해서 세상에 대한 원망과 부정적인 시각을 가져서는 안 되겠다. 부모님이 하시는 식당에서 어릴 때부터 아르바이트를 해왔던 경험을 당당하게 이야기하면서 부모님 식당을 자랑하는 학생이 보기 좋고 가정교육을 잘 받았구나 하는 생각이 들게 한다. 자신의 가족에게 따뜻한 사람이 남에게도 따뜻하고 친절할 수 있다.

2) 본인 성격의 장단점

본인 성격의 장단점을 물어보는 것은 자기소개서뿐만이 아니라 면접장에 가서도 언제든지 받을 수 있는 질문이다. 세상에 장점이 하나뿐인 사람은 없다. 마찬가지로 단점이 없는 사람도 없다. 지원하는 기업, 업종에 따라 필요한 능력과 자질도 달라질 수 있으므로, 기업의 인재상을 잘 알아보고 그에 따라 지원하는 분야에서 필요로 하는 자신의 장점이 자기소개서상에 잘 부각될 수 있도록 작성하는 게 좋다. 물론 본인이 타고난 장점이 딱 맞아 떨어진다면 그게 제일 좋을 것이고, 적성에 맞는다는 것이 바로 그런 경우를 의미하는 것이다.

성격의 장단점을 설명하기 위해서 본인이 그동안 경험한 여러 가지 활동이나 경험, 경력 등을함께 써서 설명하면 훨씬 더 작성하기 쉬울 것이다. 그동안 열심히 살고 열심히 준비했다면 작성하는데 어려움이 없을 것이다. 지금 만약 본인이 취업전선에 아직 뛰어들지 않은 상태라면 최종목표에 이르기까지 필요한 자격이나 경험들을 차근차근 준비해나가고 그것을 나중에 서류작성에 쓰면 되는 것이다.

3) 지원동기

지원동기에서는 지원자의 열정, 패기, 끈기, 집념 등을 나타내면 되는데 여기서 자신의 경험과 지원하는 기업에 대해서 잘 조사해서 어필하면 좋을 것이다. 지원동기에는 이 기업에 지원한 동기를 중심으로 작성할 수 도 있고, 이 직종에 지원한 이유와 자신이 적합한 인물이라는 것을 중심으로 작성하는 방법이 있겠습니다. 나는 무조건 뼈를 묻을 것이다, 무조건 최고로 최선을 끝까지 다하겠다, 나는 오로지 이 회사를 위해서 태어나서 이 회사를 위해서만 살 것처럼 실현가능성이 낮은 말을 늘어놓기보다는 앞서 자기소개서의 앞부분에서 본인의 가정환경과 학창시절, 자신의 성격과 과거를 잘 나열하고 과거와 현재의 자신을 보여주었다면, 지원동기에서는 앞으로 입사 후 자신의 미래를 쓰면 되는 것이다. 지원 동기는 본인의 의지가 드러나는 항목인 것이다.

4) 기타

해외연수나 유학경험

10여 년 전만 해도 해외에서 유학을 했거나 어학연수를 하면 가산점을 받을 수 있었다. 하지만, 오늘날에는 단순히 해외에 거주를 했다고만 해서 가산점을 주지는 않는다. 해외에서 대학을 다녔으면 반드시 졸업장 및 기타 학위 수여 증명서를 필참해야 한다. 또한, 해외경험은 있는데 영어 공인인증점수가 너무 낮으며 오히려 불성실하고 게으른 이미지를 인사담당자에게 심어줄 수 있다.

기업전략 및 아이디어제안

몇 년 전 아시아나항공에서는 신규아이디어를 자기소개서항목으로 물어본 적이 많았다. 따라서, 다른 항공사에 비해 자기소개서 작성이 어렵다고 불평하는 지원자들도 많았는데, 오히려 작성을 끝내고 나면 더 많이 준비한 기분이 들게 됩니다. 새로운 전략을 세우기 위해서는 기존의 전략을 알아야 하고, 경쟁사의 전략도 알아야 하기 때문에 자료를 조사하고 기사를 검색하다 보면 자연스레 더 많이 알게 되고 이것 또한 지원자에게 도움을 주게 되는 것입니다. 아는 것이 경쟁력이라고 했습니다.

스토리텔링

자신만의 이야기를 솔직하게 작성하되 회사의 지원하는 업무를 파악해서 그 업무에 도움이 될 수 있는 자신의 경험을 진정성있게 작성하면 인사담당자에게 자신을 잘 피력할 수 있습니다.

또한, 자기소개서에 쓴 내용은 추후 면접장에서 다시 질문을 할 수 있는 기초자료이므로 성실하게 작성하도록 합니다.

자기소개서에 작성할 수 있는 스토리의 소재로는 여러 가지가 있습니다. 대학시절 작성할 수 있는 경험에는 각종 동아리 활동, 학교 및 학과 홍보 대사 및 학생회 활동, 혹은 직무와 관련있는 기업에서 경험한 인턴 경험, 아르바이트 경험 등을 소재로 활용할 수 있다.

자기소개서 작성 꿀팁 !

성공여부는 콘텐츠!

- 최근 마케팅 성공여부는 콘텐츠라고 합니다. 기업에서 물건을 팔 때에도 공유가 될 만한 좋은 스토리를 넣어서 만듭니다. 읽는 사람으로 하여금 공감이 가는 콘텐츠가 바로 성공여부입니다.

주제에 맞는 스토리!

- 자신의 수준에 맞게 주제에 맞게 작성한 내용이 보기도 좋고 읽기도 좋습니다.
- 너무 어렵게 작성하려고 하지 말고, 자신의 수준에 맞추어서 솔직하게 작성하도록 합니다.

대필은 노노!

- 때로 대필을 맡기는 지원자들이 간혹 있습니다. 업체에 맡기기도 하고 주변인에게 맡기기도 한다는데, 이것은 정말 위험합니다. 자기 자신을 본인보다 더 잘 아는 사람은 아무도 없습니다.

자신만의 색깔이 드러나는 자소서 !

- 단순한 문장배열은 지루하다. 자신만의 색깔이 드러나는 기억에 남는 자기소개서를 작성합니다.

읽기도 편하고 보기 좋은 자소서 !

- 맞춤법, 오탈자 및 띄어쓰기를 반드시 체크해서 기본이 없어 보이지 않게 합니다. 또한, 기업에서 명시한 글자수 제한을 확인해서 적정한 글자수로 작성해야 합니다.

국내항공사 자기 소개서 항목 예시

우리나라 국내 항공사들의 자기소개서 항목을 한번 작성해 보도록 하겠습니다. 각 항공사별 자기소개서 항목을 반드시 채워서 써보는 것만으로도 많은 도움이 될 것입니다.

대한항공

1. 지원 동기 (600자 이내)

2. 입사 후 계획 및 포부(600자 이내)

아시아나 항공

1. 아시아나항공을 지원하게 된 동기에 대해서 서술해 주십시오.(500자–700자 이내)

2. 본인의 특성과 성장배경을 국제서 캐빈승무원에 지원하게 된 동기와 함께 서술하여 주십시오.(500자–800자이내)

3. 본인이 생각하는 '바람직한 캐빈승무원상'에 대하여 기술하여 주십시오.(500자–700)

4. 캐빈승무원 직무를 성공적으로 수행할 수 있다고 생각하는 이유를 서술해 주십시오. (본인의 경험, 성격, 개성에 근거해서) (500자– 700자 이내)

5. 입사 후 목표 및 인생관을 본인이 생각하는 아시아나항공의 미래 비전과 함께 제시하여 주십시오. (500자 이상 800자 이내)

6. 본인이 경험한 가장 아름다운 서비스 사례를 본인의 서비스 역량과 함께 표현해 보세요. (500자 이상 800자 이내)

7. 회사에 지원하게 된 동기와 이를 위한 본인의 구체적인 노력에 대해서 기술해 보십시오.

제주항공

1. 제주항공 승무원으로써 본인의 자질을 제주항공 핵심가치인 도전, 신뢰, 저비용, 안전, 팀워크 중 3가지를 선택하여 서술하시오.(500자 이내)

2. 제주항공 승무원으로써 밝고 적극적이며 항공여행의 새로운 즐거움을 줄 수 있는 본인의 방법을 서술하세요.(500자 이내)

3. 본인의 입사 후 포부 및 향후 자기계발 계획에 대해서 구체적으로 기술(500자 이내)

진에어

1. 자기소개를 자유롭게 기술하시오.(100–1000)

2. 객실승무원 직무를 본인이 잘 수행할 수 있다고 생각하는 이유를 구체적으로 기술하시오.(100–600)

3. 성격의 장단점 및 생활신조(100–600)

4. 인생에서 어려움을 극복하고 이루었던 성취경험을 기술하시오.(100–600)

5. 입사 후 포부 및 계획(100–600)

에어부산

1. 본인의 성장과정(500자)

2. 우리 회사에 지원하게 된 동기는? (500자)

3. 자신의 장단점에 대하여 기술하여 주시기 바랍니다.(500자)

4. 입사 후 포부(500자)

이스타항공

1. 본인의 성장과정(100–500)

2. 성격의 장단점(100–500)?

3. 지원동기(100–500)

4. 입사 후 포부(100–500)

5. 세부경력사항(100–500)

에어서울

1. 본인의 특성과 성장배경(100–500)

2. 지원동기(100–500)

3. 본인이 가장 소중하게 생각하는 것을 적고, 그 이유(100–500)

4. 귀하가 회사를 선택하는 기준은 무엇이며, 에어서울을 선택한 이유는 무엇인지 기술하시오. (100–500)

Chapter 04

스피치 훈련

여러분은 혹시 '킹스 스피치'라는 영화를 본적이 있으신가요? 만약 이 영화를 본 적이 없는 지원자라면, 꼭 한번 보라고 추천해 주고 싶은 영화입니다. 톰 후퍼 감독의 영화로 주연인 콜린 퍼스가 아카데미 주연상을 받았으며 굉장히 호평을 받은 영화입니다. 영국의 왕 조지 6세가 말을 더듬다가 고치려 노력을 하는데, 열정적인 스승을 만나서 노력 끝에 성공적으로 연설을 하게 되었다는 이야기를 다루었습니다. 이 영화는 내용의 즐거움도 있지만 스피치의 중요성을 깨닫게 하는 영화입니다.

이외에도 EBS나 KBS등의 방송국에서 면접과 취업에 관한 다큐멘터리가 꽤 여러 편 제작이 되었는데요, 이것 또한 시청하면 유익합니다. 이외에도, TED라는 강연회를 들어보셨겠죠? TED는 Technology, Entertainment, 그리고 Design의 약자로 다양한 이슈의 강연을 보여주는데요, 특징은 강의 시간이 단지 18분 이내로 이루어진다는 것입니다. 그러한 면에서는 우리나라의 세바시(세상을 바꾸는 시간)과 비슷하다고도 볼 수가 있겠습니다. 이 TED강연 중 조회 수가 높은 강연을 몇 가지 소개해 드리겠습니다. 조회 수가 높다는 것은 강연자가 유명인일수도 있겠지만, 그만큼 유익한 내용이기 때문일 것입니다. 세계적으로 유명한 강의 내용이라면 여러분들도 시청해 보시기 바랍니다. 검색해 보면, 한글자막이 나오는 것도 찾을 수 있고, 이 기회에 영어 공부도 하실 수 있으니 1석 2조가 될 것입니다. 가끔 무엇을 말해야 하는지 모르겠다거나 말하는 방법을 모르겠다는 사람들이 있습니다. 다양한 책을 읽고, 다양한 강연을 보는 것은 상식도 풍부하게 만들어 주지만, 인문학적인 관점도 넓혀 줄 수 있으므로 유익한 경험이 될 것이라고 자신합니다.

| TED 강연 중 조회수가 높은 강연 |

제목	강연자
How elusive creative genius / 여러분의 도망가는 창의적 천재성	Eizabeth Gilbert
How great leaders inspire acion / 훌륭한 지도자는 어떻게 행동을 이끌어내는가	Simon Sinek
The Surprising science of happiness / 행복의 놀라운 과학	댄 길버트
The power of introverts / 내성적인 사람의 힘	수전 케인
How to live before you die / 죽기 전에 어떻게 살아야 하는가	Steve Jobs
8 secrets of success / 여덟 가지 성공 비결	Richard St. John
DO schools kills creativity? / 학교가 창의력을 죽이나	Ken Robinson
Try something new for 30 days / 30일동안 새로운 것에 도전하기	matt Cutts

| 스피치 4요소 |

요소	내용
속도	말의 느리고 빠른 정도
크기	말하는 소리의 크거나 작은 정도
강도	말하는 어조의 높낮이
멈춤	주요 단어를 강조하기 위한 멈춤으로 강조효과를 높인다.

01 발음

그럼 이제부터 본격적인 스피치에 대해서 천천히 알아보도록 하겠습니다.

우리 말의 자음은 총 19개이고, 모음은 총 21개입니다.

- **자음** : ㄱ ㄴ ㄷ ㄹ ㅁ ㅂ ㅅ ㅇ ㅈ ㅊ ㅋ ㅌ ㅍ ㅎ ㄲ ㅃ ㅆ ㅉ
- **모음** : ㅏ ㅑ ㅓ ㅕ ㅗ ㅛ ㅜ ㅠ ㅡ ㅣ ㅐ ㅒ ㅔ ㅖ ㅘ ㅙ ㅚ ㅝ ㅞ ㅟ ㅢ

비슷한 것 같아도 정확하게 발음하려면 신경 써서 발음해 보아야 합니다. 사실 우리나라 사람들도 우리말을 완벽히 구사하더라도 아나운서나 성우를 준비한 사람이 아니고서야 대부분 정확한 발음에 대해서 생각해본 사람이 그렇게 많지는 않을 테니 여러분들도 지금부터라도 열심히 신경 써서 발음한다면 부정확했던 발음이 반드시 좋아질 것입니다.

우리말은 정확히 자주 많이 연습해서 사용하면 발음이 좋아질 수 있습니다. 외국인들도 처음에는 혀짧은 소리를 내다가도 한국에 오래 거주하다 보면 더 정확한 발음을 구사하는 것을 보신 적이 있지요? 정확한 발음은 면접에 있어서 매우 중요합니다. 좋은 목소리를 가지면 좋겠지만, 스피치의 기본은 발음입니다.

한국어는 자음과 모음으로 구성되어 있습니다. 입모양을 움직이지 않고 말하는 것을 우리가 뭐라고 하나요? 발음을 할 때에는 정확하게 입모양을 만들어서 소리를 내야한다고 생각하고 발음하시기 바랍니다.

자음은 기역, 니은, 디귿, 리을, 미음, 비읍, 시옷, 이응, 지읒, 치읓, 히읗, 티읕, 피읖 이라고 발음합니다. 자, 다같이 정확하게 발음해 보도록 합시다. 자음을 발음할 때에도 혀의 위치는 모두 달라집니다. 또한, 모음보다는 자음을 소리낼 때 입모양도 신경을 쓰고 정확하게 딱딱 끊어서 확실히 발음할수록 상대방에게 발음이 좋다는 소리를 듣기가 쉽습니다.

ㄱ, ㅋ, ㄲ, ㅇ은 연구개음이라고 합니다.

연구개음은 입 안 속에서 발음합니다. 예> 감자, 고구마, 감사, 카리스마, 감전, 깜깜한 밤, 아줌마, 감정, 감기

ㅈ,ㅊ,ㅉ은 경구개음이라고 합니다.

이 소리를 낼 때에는 입술 쪽도 아니고, 입 깊은 곳도 아닌 그 사이쯤에서 소리가 난다고 생각하면 됩니다.

예> 자연, 춤바람, 자생, 정말, 자장면, 주최자,

ㅁ,ㅂ,ㅍ,ㅃ 은 입술소리라고 합니다.

소리를 내보면 왜 입술소리라고 하는지 알 수 있습니다.

음, 므, 브, 프, 쁘 라고 발음해보면 어떠한가요? 윗입술과 아랫입술이 붙었다 떨어지면서 발음하게 되는 소리입니다. 한번 연습해 보세요.

예> 목사, 목수, 목록, 바보, 바램, 바람, 파랑, 뽀로로 , 표정

내용	발음소리
입술소리	ㅁ,ㅂ,ㅍ,ㅃ
치조음	ㄷ,ㄸ,ㄹ,ㅌ,ㄴ,ㅅ,ㅆ
경구개음	ㅈ,ㅊ,ㅉ,
연구개음	ㄱ,ㅋ,ㄲ,ㅇ
목젖소리	ㅎ

모음은 여러 분이 알고 있는 아, 에, 이, 오, 우 이외에도 많이 있어서 총 21개나 된답니다.

아, 야, 어, 여, 오, 요, 우, 유, 으, 이, 그리고 애, 에, 얘, 예, 외, 워, 웨, 위, 의, 와, 왜 가 있습니다. 모두 따라서 발음하면서 읽고 계시지요?

이, 으, 우, 위, 외, 오, 에 등을 발음할 때는 혀가 더 높이 올라갑니다. 어 소리를 낼때는 더 낮은 위치로 혀가 내려갑니다. 아 발음을 할 때는 혀가 아랫니 뒤에 닿는 게 느껴지시나요?

발음 연습을 할 때에는 입을 크게 움직이면서 입 주변 근육, 턱 주변 근육까지 모두다 열심히 움직여 주시면서 연습을 합니다. 유투브 동영상이나 뉴스를 보면서 아나운서, 앵커가 발음하는 입모양을 따라하시는 것도 도움이 됩니다.

방송국 프로그램인 <무한도전>에서 유제석, 노홍철 등 개그맨들이 나와서 발음연습을 한 적이 있었습니다. 아마 여러분들도 보신 분들이 있을 텐데요. 정확히 발음하는 것이 절대 쉽지 않아서 다들 아나운서가 아무나 할 수 없고 수없이 많은 연습을 해야 하는 것을 알 수 있었습니다. 하지만, 아나운서들도 어려워하는 부분이 발음입니다. 때로 헷갈리기도 하고, 말이 꼬이기도 합니다. 발음연습을 통해서 발음을 교정해서 정확한 발음을 구사할 수 있도록 합시다. 면접에도 도움을 주지만, 일상생활 속에서 자신을 위해서도 큰 도움이 될 것입니다.

자 그럼 한번 다함께 연습해 봅시다~!

출처 : sbs 〈무한도전〉 홈페이지

발성연습을 하기 전에 온몸에 힘을 빼고 팔다리를 툭툭 털듯이 제자리에서 툭툭 털면서 가벼운 제자리 점프를 수차례 하면 마음의 긴장도 사라지고, 몸의 긴장도 사라져서 목소리 발성에 도움을 줄 수 있습니다.

또, 항공사 승무원들을 교육할 때에는 아무도 보지 않는 곳에서 혼자 기내방송을 할 때에도 반드시 웃으면서 PA(기내마이크)를 잡고 밝게 웃으면서 읽으라고 가르칩니다. 이것 또한, 밝은 표정에서 밝은 목소리가 나오기 때문일 것입니다. 잊지 말고 웃으면서 연습하도록 합시다.

자, 그럼 모음과 자음에 신경을 써서 큰소리로 발음 연습을 해볼까요?

발음 연습 1

소리를 짧고 크게 내면서 따라해 봅시다.

가! 나! 다! 라! 마! 바! 사! 아! 자! 차! 카! 타! 파! 하!
가! 나! 다! 라! 마! 바! 사! 아! 자! 차! 카! 타! 파! 하!
가! 나! 다! 라! 마! 바! 사! 아! 자! 차! 카! 타! 파! 하!

발음 연습 2

이번엔, 모음을 바꿔서 연습을 해보도록 하겠습니다.
가 갸 거 겨 고 교 구 규 그 기
카 캬 커 켜 코 쿄 쿠 큐 크 키
라 랴 러 려 로 료 루 류 르 리
마 먀 머 며 모 묘 무 뮤 므 미

발음 연습 3

정확하고 빠르게 발음합니다.

가가거겨고교구규그기

아, 에, 이, 오, 우

마카나카바타타

난난나난난난나난난난난나

라리루루레레레로로류류르리

항항향향헝헝형형홍홍　　흥흥

걸, 글, 넉, 늑, 던, 든

왼:편, 위:장, 외다리, 위:치, 귀:감, 뷔:페

과학 화재 좌우 정확 주관식

쾌유 돼지 쇄신 궤도 퀭하다

협의 유희 회의 모의고사

고향의(에) 봄, 나의 꿈, 우리의 소망

발음 연습 4

경찰청 쇠창살 외철창살, 검찰청 쇠창살 쌍철창상

김서방네 지분위에 콩깍지가 깐 콩깍지가 깐콩깍지냐 안깐콩깍지냐

내가 그린 그림은 긴 기린 그림이고, 네가 그린 기린그림은 안긴 기린 그림이다.

다람 다람 다람쥐 알밤줍는 다람쥐 보름 달밤에 알밤줍는 다람쥐

서울특별시 허과과장 허과장, 특허허가과 허과과장 허과장

발성 연습 1

허리를 90도로 숙이고 팔을 아래로 툭 늘어뜨린 후에 아~~~~~~~ 발성합니다. (10초,

20초, 최대한)

내쉬는 호흡 1회에 "아"발성을 20회 반복해 봅시다.

발성 연습 2

음~~~~~을 하면서 자신의 톤을 찾아봅시다.

약간 길게 발음하면서 소리가 울리는 것을 느껴봅시다.

5초까지 세어본 후, 10초를 세어봅시다.

음~~~~~~~아~~~~~~~음~~~~~~~아~~~~~~~음~~~~~~~아~~~~~~~~

음~~~~~~~~~~~~~~~~~~~~~~~~~음~~~~~~~~~~~~~~~~~~~~~~~~

동 해~~~~~~~~~~~~물과 백! 두~~~~~~~~~~~~~~~산이~~~~~~~~~

강세 연습

모나리자

모**나**리자

모나**리**자

모나리**자**

지난달 일본을 방문한 한국인 여행자 수가 1년 전보다 많이 감소했다고 합니다.

지난달 일본을 방문한 한국인 여행자 수가 1년 전보다 많이 감소했다고 합니다.

지난달 일본을 방문한 한국인 여행자 수가 1년 전보다 많이 감소했다고 합니다.

지난달 일본을 방문한 한국인 여행자 수가 1년 전보다 많이 감소했다고 합니다.

지난달 일본을 방문한 한국인 여행자 수가 1년 전보다 많이 감소했다고 합니다.

좋은 발음을 갖는 조건~!

① 올바른 자세, 허리를 펴고 턱을 살짝 당기고(고개를 숙이는 게 아닙니다), 시선을 정면으로 한다.

② 자음과 모음에 따른 혀의 위치, 입술의 모양

③ 최대한 입은 정확히 벌리고 입 주변 근육까지 사용한다.

④ 올바른 호흡, 복식호흡 하시죠? 먼저 공기를 가득 들여 마시면 배가 부풀어 오릅니다. 그 다음 이 공기를 입으로 천천히 길~게 숨을 내쉽니다. 이때 숨을 내쉬면서 소리로 내면 됩니다.

면접 스피치의 조건~!

① 질문에 맞는 답변을 해야 한다. 동문서답은 안된다.

② 서비스업에 맞는 친절함과 상냥함을 필수!

③ 알아듣기 쉽게 분명하게 말한다.

④ 자연스러운 표현과 표준어를 구사한다. 5. 사투리 및 아성은 피해야 한다.

02 호흡

우리는 항상 호흡을 하면서 살고 있습니다. 이것이 살아있다는 증거이기도 하는데요, 호흡은 크게 복식호흡과 흉식 호흡이 있습니다. 일상생활에서 우리는 대부분 흉식호흡을 하면서 살아가곤 합니다. 그런데, 요가 수업을 가서나 음악 수업을 하는 경우에 복식호흡을 하도록 하는 경우가 대부분입니다. 복식호흡을 검색포탈에서 검색해보면 배를 폈다 오므렸다 하여 횡경막의 신축에 의하여 쉬는 숨이라고 나와 있습니다. 풀어서 설명해보면 숨을 들이 마실 때에는 크게 천천히 들이 마시면서 배가 커지고 숨을 내쉴 때에는 이

배에 있는 숨을 천천히 남김없이 뱉어주는 호흡입니다. 최대한 크게 많이 들이마셔서 배에 공기가 많이 들어갈 수 있도록 한 후에, 다시 내쉬면서 천천히 길게 20초를 세면서 내뱉어 봅시다. 다음에는 30초까지 세면서 내뱉어 봅시다. 이렇게 복식호흡을 연습하면 이것 역시 발성에 도움을 줄 것입니다. 크게 말할 때에는 배가 더 커지고 호흡도 더 길게 해보고, 작게 말할 때에는 호흡도 작고 배고 작게 하면서 연습을 더 실감나게 해봅시다. 말하는 크기, 고저, 톤 등을 바꿔가면서 다양하게 연습을 해보도록 합시다.

1) 스트레칭

두 다리를 어깨 넓이로 펴고 서서 스트레칭을 합니다.

목을 좌우앞뒤로 부드럽게 풀어준 후, 어깨와 팔로 돌려주면서 긴장된 근육을 부드럽게 풀어줍니다. 앉았다 일어났다를 몇 번씩 반복한 뒤 팔을 자연스럽게 아래로 내리고 섭니다. 평소 본인이 자주 하는 스트레칭을 해도 좋습니다.

2) 조음기관 긴장 풀기

두 빰에 공기를 최대한 불어넣고 10초간 버팁니다. 가수들이 공연 전 근육을 푸는 것처럼 입술을 푸르르르르르 하면서 풀어줍니다.

입을 최대한 크게 벌리면서 '아, 에, 이, 오, 우' 소리를 내봅니다.

눈을 크게 떠보고, 입을 앞으로 쭈욱 내밀었다가 쫙 크게 벌려서 부드럽게 해줍니다.

3) 목의 아치 개방하기

거울을 보고 하품하듯이 입을 크게 벌리면서 목의 아치를 넓게 벌려줍니다.

4) 복식호흡훈련

숨을 들이마실 때에는 아랫배가 부풀어 오르게 깊게 들이마시고 후~~하고 내쉴 때에는 공기가 빠져나가서 배가 홀쭉해지도록 합니다.

(1) **복식호흡 훈련** 1

- 공기를 충분히 들이마신 후 셋까지 세면서 후~~ 공기를 내보냅니다.
- 공기를 충분히 들이마신 후 다섯까지 세면서 후~~~~하고 공기를 내보냅니다.
- 공기를 충분히 들이마신 후 열까지 세면서 후~~~~~~~~~하고 공기를 내보냅니다.

(2) **복식호흡 훈련** 2

- 한손은 아랫배, 한손은 가슴위에 얹어 호흡이 들어오고 나가는 것을 느껴봅시다. 4초간 들이마시고, 8초간 천천히 내쉽니다.
- 4초간 들이마시고, 4초간 멈춘 뒤, 4초간 내쉽니다.
- 2초간 들이마시고, 4초간 내쉽니다.
- 빠르게 들이마시고, 빠르게 내쉬기를 여러번 반복합니다.

(3) **복식호흡 훈련** 3

- 의자에 앉아 상체를 젖히며 8초간 숨을 들이마신 후 8초간 허리를 굽혀서 천천히 숨을 내쉽니다.

03 스피치 연습

자신이 생각하는 본인 목소리의 장점과 단점을 파악해 보도록 합시다.

돌아가면서 발표를 해보고, 서로 장점과 단점을 말해주도록 합시다. 혹은 개인적으로 연습하는 학생이라면 핸드폰 셀프 동영상 촬영을 통해 촬영한 후, 본인의 동영상을 보고 들으면서 최대한 객관적으로 장점과 단점을 파악해 적어보도록 합시다.

장 점	
단 점	

그럼, 이제 어떻게 해야 할까요?

알아낸 장점은 더 부각시킬 수 있도록 강화하는 연습을 하고, 단점은 없애야 합니다. 평상시 말할 때에도 신경을 써서 고치려고 노력하도록 합시다.

글을 읽을 때 느낌을 살려서 읽어보면 훨씬 더 생동감 있는 멘트가 됩니다. 긍정적인 형용사는 더 긍정적으로 밝게 읽고, 부정적인 단어는 그에 맞는 느낌으로 읽으면 좋습니다. 예를 들어, 슬픈 내용은 슬픈 느낌을 살려서 읽어야지 밝게 읽으면 상대방의 귀에 들리지 않습니다.

마지막으로, 연습을 할 때에는 망설이지 말고 진짜로 큰 무대에서 사회를 본다 생각하고 실감나게 연습해 봅시다.

- 리셉션 오프닝 멘트 따라하기
지금부터 백석예술대학교 오케스트라 40주년 기념 음악회 리셉션을 시작하겠습니다.
안녕하십니까? 저는 오늘 사회를 맡은 아나운서 신동미입니다. 우리가 살면서 흔하게 듣지만 또 가장 지키기 어려운 말 중 하나가 바로 꾸준함이 아닌가 합니다. 그런 점에서 오늘 40주년이라는 말이 특별히 더 큰 의미로 다가옵니다. 오늘이 바로 백석예술대학교 오케스트라가 지난 1978년 8월 창단한 지 꼭 40주년이 되는 날입니다.

오늘 이 특별한 시간을 맞아 먼저 이영신 단장님의 인사말씀이 있겠습니다.
다음으로/// 오늘 음악회를 빛내주신↗ 내-외빈 여러분을 소개합니다. ↗
제가 한 분 한 분 소개드릴때마다↗ 큰 박수로~ 환영해주시기 바랍니다. ↘↘
송승헌 서울 시장님↗ 참석해주셨습니다.↘
김칠현 국회 안전행정위원회 위원장님이십니다. ↗

이희연 서울시교육감님⇒ 와주셨습니다.↘
김선갑 서울시의회 운영위원장님~ 함께해주셨습니다.→

서울예술문화재단 박철민 대표이사님↗ 참석하셨습니다.
그동안 오케스트라를 이끌어갈 수 있도록 누구보다 애써주신 분들이십니다.
지금부터 단장님과 지도교수님께 감사의 마음을 전달하는 시간을 갖도록 하겠습니다.
두 분은 무대위로 올라와 주십시오.
고마운 마음을 담아 두 분의 스승님께 정성으로 준비한 감사패를 드립니다.

보이스 트레이닝~ 이것만은 약속합시다.

1. 하루에 최소 10분 반드시
2. 어색함은 노노노
3. 연습한대로 의식하며 살기
4. 내 목소리가 귀에 들릴때까지 기다린다.

Chapter 04

취업정보 찾기

대학 입시를 준비할 때에도 아마 여러분들은 담임선생님, 진로담당선생님, 학원선생님, 혹은 부모님과 수시와 정시를 앞두고 여러 가지 전략을 세워서 학교에 지원했을 것입니다. 생각해보면 한 해를 마감하면서 여러 학교에 원서를 내고 발을 동동 구르며 시험도 보고, 혹은 면접도 보면서 대학입시전쟁을 통과해 낸 것이지요. 그렇다면, 그에 비해서 그러니까 20세가 되기 전까지 대학입시에 쏟아 부었던 여러분의 열정에 비해서 지금 취업에 대해 가지고 있는 열정은 어떠한가요? 대학 입학을 준비하던 때만큼 오랜 기간을 한 가지 목표로 준비하셨나요? 대학입시 준비시절처럼 걱정도 되고, 두렵기도 하셔서 그보다 더 열정적으로 준비하고 계신가요?

대부분의 취업 준비중인 학생들은 취업을 위해 매우 열심히 준비하고 있지만, 가끔은 '취업이 어렵대요.. 힘들대요.. '하면서 미리 자포자기를 하기도 하고 당장은 아르바이트를 하거나, 일단 나라에서 지원해주는 실업급여를 받으면서 생각해 보겠다는 학생들도 만난 적이 있습니다.

이번 단원에서는 여러분들이 취업에 관한 정보를 찾아볼 수 있는 사이트 및 단체를 소개하려고 합니다. 수많은 학생들은 자신의 꿈이 있지만, 아직 자신의 꿈을 찾지 못한 학생들은 취업 정보를 먼저 찾아보라고 권하고 싶습니다. 세상에는 너무나 다양한 직업이 있고, 개인마다 어떠한 직업을 갖느냐에 따라 인생의 길이 달라집니다. 막연하게 누군가 입에 떠 넣어 주겠지 하면서 감나무에서 감이 떨어지기만 기다리면서 시간만 보내지 마시고, 여러분께서 직접 발품도 팔고, 많이 찾아보고 알아보시기 바랍니다. 제가 추천하는 사이트 및 기관 홈페이지에 들어가 보시면서 더욱더 관심을 갖게 되시는 계기가 되시기를 바라겠습니다.

01 한국산업인력공단(http://www.hrdkorea.or.kr/)

한국 산업인력공단 홈페이지에 들어가 보시면, 다양한 취업정보뿐이 아니라, 나라에서 지원하는 각종 사업이 소개되어 있어 구직자들이 이용할 수 있습니다.

2018년 10월 말 기준으로 홈페이지에 들어가 보면 청년 및 취약층 일자리 지원사업, 해외취업지원, 국제교류협력, 숙련기술 진흥사업, 일 학습 병행 사업 등 다양한 사업을 추진중에 있는 것을 볼 수 있다. 구체적으로 잠깐 언급해 보도록 합시다.

처음으로, 예를 들어 해외 취업지원 사업 코너에 들어가 보면, '해외 취업성공장려금'이라고 해서 해외 취업에 성공한 구직자에게 해외 현지에 잘 적응할 수 있도록 장려금을 지원해 주고 있습니다. 해외취업을 하려는 구직자 중에 생활비 등 때문에 어려움이 있었던 구직자라면 이러한 프로그램을 적극 활용하는 것이 좋을 것입니다.

다음으로, 일-학습을 병행하는 경우는 산업현장의 실무형 인재육성을 위해 기업이 채용한 근로자에게 NCS(국가직무능력표준)기반의 체계적 교육훈련을 제공하여 기업맞춤형 인재육성을 지원하는 제도로 취업 준비생과 기업 간 '인력 미스매치'현상을 줄이고 불필요한 비용 발생을 막기 위해 도입된 제도로, 독일, 스위스식 도제제도를 우리나라 실정에 맞게 설계한 것이라고 합니다.

02 고용노동부(http://www.moel.go.kr)

고용노동부는 대학교 재학생들이라면 누구나 한번쯤은 본 적이 있을 것입니다. 바로 '취업성공패키지'라는 프로그램으로 학교 내에서 취업지원 부서에서 홍보를 많이 하고 있기 때문인데요. 고용노동부 홈페이지는 구직자라면 모두 다 방문해 보았을 것이라고 해도 과언이 아닙니다. 실업급여 등을 신청하는 곳도 바로 이곳이고요. 그 이외에 워크넷 싸이트와도 바로 연결이 되게끔 되어 있습니다.

고용노동부 홈페이지는 최신 고용노동 정보를 볼 수 있을 뿐만 아니라 채용박람회 정보 또한 이곳에서 확인할 수 있습니다.

그럼, 고용노동부에서 지원하는 '취업성공패키지'에 대해서 한 번 알아보겠습니다.

'취업성공패키지'는 개인별 취업지원계획에 따라 진단, 경로설정 > 의욕 능력증진 > 집중 취업알선에까지 이르게 하는 단계별 일자리 지원 프로그램이라고 할 수 있습니다. 프로그램을 제공할 뿐만 아니라, 취업한 경우 '취업성공수당'을 지급하여 끝까지 취업에 성공하게끔 도와주는 지원시스템입니다.

지원 대상자

지원대상자는 고등학교 이하 졸업(예정)자 중 비진학 미취업 청년, 대학교(전문대 포함) 졸업 후 미취업 청년, 고요 마지막 학년 및 대학 등 마지막 학기 재학중인자이며 중장년층 참여 대상자나 기타 생계급여 수급자, 여성 가장, 니트족, 북한이탈 주민, 결혼이민자의 외국인 자녀를 대상으로 하는 프로그램도 있고, 그 외 장애인의 경우는 한국 장애인 고용공단에서 시행하는 장애인 취업성공 패키지로 참여가 가능하다.

취업지원 주요내용

지원대상자의 개인별 취업 역량 등에 대한 정확한 진단을 토대로 통상 1년의 기간 내에서 단계별로 통합적인 취업지원을 실시하고 있습니다.

프로그램 내용

1단계(진단, 경로 설정)는 집중상담 및 직업 심리검사를 실시하여 취업 의욕 및 직무능력을 파악하며 참여 수당 20-25만원 지급한다.

2단계(의욕, 능력증진)는 개인별 취업활동계획(IAP)에 따라 취업의욕 및 근로 능력 증진을 위해 집단상담, 직업훈련, 창업지원 프로그램등과 같은 다양한 프로그램을 제공한다. 이 프로그램에 참여하면 지원 대상자중 일정 요건을 충족하는 경우 1일 당 18,000원을 지급하며(월 최대 284,000원, 최대 6개월) 직업능력 계발 계좌제에 의한 직업 훈련 시 6개월간 월 최대 훈련 장려금 11,6만원을 지급한다.

3단계(집중취업알선)는 '동행면접' 과 같은 적극적 취업알선을 하며 구직촉진수당으로 만 34세 이하 청년층에게 매월 30만원(최대 3개월)을 지급한다.

또한, '취업성공패키지' 지원 사업 참여자가 1단계 IAP 수립을 완료한 주 주 30시간 이상의 일자리에 취업하며 고용보험 피보험자격을 취득한 경우 취업성공수당(같은 직장에서 3개월 근무한 경우 30만원, 6개월 근무 시 40만원, 12개월 근무 시 80만원, 최대 150만원)을 지급해 준다.

고용노동부에서 운영하는 프로그램에는 여러 가지가 있으며 '취업성공패키지'이외에도 젊은 구직자들이 직접 일해볼 수 있는 기회를 제공하는 '청년강소기업체험', '청년친화 강소기업(청년에게 추천할 만한 작지만 강한 기업)", 공공기관 일자리, 정부 직접 일자리 등을 제공하고 있으며 실시간으로 대한민국 내 모든 일자리 정보가 올라오고 있으므로 홈페이지에 방문하여 많은 정보를 얻을 필요성이 있다.

03 월드잡(https://www.worldjob.or.kr)

해외 취업을 원하는 구직자라면 반드시 들어가 보아야 할 싸이트가 바로 월드잡이다. 코트라를 비롯 여러 기관들이 현지에서 필요한 청년층 채용수요를 꾸준히 게재하고 있으며 해외 취업 센터도 운영하고 있으므로 해외 취업에 관심 있는 구직자들에게 도움이 될 것으로 여겨진다. 또한, 정부 각 부처에서 추진되는 해외진출 프로그램을 통합하여 'K-Move' 사업을 진행하여 청년들의 해외 취업을 돕고 있으므로 이것 또한 눈여겨볼만하다. 산업인력동단에서는 200만원 ~ 400만원의 해외 취업 성공장려금도 지원하므로 혜택을 누릴 수 있는 사람은 이용할 수 있다.

04 워크넷(www.work.go.kr)

나라와 기업들의 일자리 마련에 관한 다양한 정책, 취업박람회 정보들을 비롯해서 취업성공수기, 공모전, 고용 뉴스 등을 올려주고 있으므로, 수시로 들어가서 정보를 확인해 보면 많은 도움을 얻을 수 있다. 고용노동부에서 준비한 내일 배움 카드제와 같은 다양한 정책들과 프로그램도 소개하니 수시로 들어가 보면 유익한 취업준비사이트라고 할 수 있겠습니다.

05 한국 직업방송(www.worktv.or.kr)

한국 직업방송은 대한민국의 고용노동부와 한국산업 인력공단이 운영하는 방송취업 TV채널로서 고용정보를 제공해주기도 하며 구직자에게 필요한 직업능력개발지원, 청소년 진로지도, 채용클리닉 등 다양한 내용을 제공합니다.

06 월드잡 플러스(http://www.worldjob.or.kr)

월드잡 플러스는 한국산업 인력공단에서 국내 인력의 해외취업을 돕기 위해 해외취업 연수과정, 해외취업 알선 사업 등 해외 취업에 관한 서비스를 제공하고 있습니다.

07 교육부 진로정보망 커리어넷(http://www.career.go.kr)

커리어넷 역시 누구나 쉽게 진로와 관련한 정보를 수할 수 있도록 구축한 종합 진로 정보망입니다. 여기서는 다양한 진로적성검사, 온라인진로상담, 학과 및 직업정보, 진로에 필요한 동영상, 교육자료, 최신 뉴스 들을 제공해 주고 있습니다. 교유부에서 한국 직업능력개발원에 위탁하여 운영중입니다.

08 유튜브 www.youtube.com

유튜브에서 면접이나 취업을 검색해 보면 다양한 유투버들이 올린 영상으로유익한 정보를 무료로 보거나 얻을 수 있습니다. 물론 허위 과장 광고에 속지 않아야겠지요? 취업뿐만이 아니라, 다양한 외국어 공부도 유튜브로 가능하니 잘 이용하면 도움을 받을 수 있습니다.

09 검색포털 내 취업준비 카페(커뮤니티)

사람인, 스펙업, 잡코리아 등의 취업 관련 카페에서 다양한 기업들의 채용 정보를 얻을 수 있습니다.

여러분들이 대학입시를 준비할 때에는 수만휘(수능날만점시험지를 휘날리자)나 여러 대입 관련한 카페, 혹은 항공전공 관련 카페 등 대학 입시 커뮤니티에 가입해서 도움을 받았을 것입니다. 취업도 마찬가지입니다. 전현차(전직현직차기승무원 다 모이세요)를 비롯한 다양한 커뮤니티에서 서로 정보를 공유하고 있습니다. 인사담당자도 들어가 본다는 카페에 가입하셔서 많은 정보, 정확한 정보만 얻으시기 바랍니다. 사람이 많이 모이는 카페에는 상업적 목표를 가지고 접근 하는 사람들이 있으므로 이런 점은 꼭 조심하셔서 피해를 입는 일이 없어야 하겠습니다.

Part 02

국내항공사 현황 및 기출문제 연습

Chapter 06

국내 대형 항공사

01 대한항공

1) 회사소개

[그림 6-1] 대한항공 홈페이지 발췌

회사명	㈜대한항공
주소	서울특별시 강서구 하늘길 260
창립일	1969년 3월 1일
사업부문	여객/화물/항공우주/기내식/기내판매
항공기 보유대수	169대(2019년 6월 기준)
운항노선	44개국 126개 도시(2019년 6월 기준) 국내선 13개 도시 국제선 43개국113개 도시

대한항공은 지난 1969년 3월 1일 항공기 8대를 보유한 아시아의 작은 항공사로 출범한 이래 적극적인 노선 개척과 서비스 혁신, 끊임없는 변화와 투자를 이어 왔다. 2004년 창립 35주년을 맞아 새로운 비전 '세계 항공업계를 선도하는 글로벌 항공사'를 선포하고, 엑셀런스 인 플라이트(Excellence In Flight)라는 슬로건 아래 고객 여러분들께 전 세계의 어떤 항공사보다도 안전하고 격조 높은 서비스를 제공하기 위해 노력해 왔다.

대한항공은 세계 수송망에서 지도적 위치를 확보하여 세계에 한국의 위상을 높이는데 결정적 역할을 수행해 왔으며 2019년 대한항공은 창립 50돌을 맞아 고객의 사랑과 국민의 신뢰를 두 날개 삼아 세계 굴지의 항공사로 우뚝 설 수 있었다.

대한항공은 우리나라 대표 국적항공사이면서 아시아의 대형 항공사 중 하나로 인천국제공항을 중심으로 하여 유럽, 아프리카, 아시아, 오스트레일리아, 북아메리카를 운항하는 국제선과 김포국제공항을 중심으로 한 국내선 및 일본, 중국 국제선을 운영하고 있으며 스카이팀의 창설 회원사로 2019년 6월 말 현재, 대한항공은 169대의 항공기를 보유하고 있으며, 국내 13개 도시를 포함하여 전세계 44개국 126개 도시를 취항하고 있다. IATA 기준 전세계 항공사 중 여객 운송부문 11위, 화물 운송부문은 국제화물 2위, 국제 & 국내 화물은 4위이다.

2) 대한항공의 상징

대한항공 심벌과 로고는 대한민국 국적기이자 세계 항공업계를 선도하는 글로벌 항공사로써 대한항공의 기업 이미지를 형상화하였다.

a. 심벌마크

[그림 6-2] 대한항공 홈페이지 발췌

대한항공 심벌마크는 태극문양을 응용하여 역동적인 힘을 표현하고, 프로펠러의 회전 이미지를 형상화하여 강력한 추진력과 무한한 창공에 도전하는 대한항공의 의지를 나타낸다.

b. 로고

[그림 6-3] 대한항공 홈페이지 발췌

대한항공의 로고는 영문회사명에 심벌마크를 포함하여, 대한항공의 역할과 기업이념을 표현한다.

3) 대한항공 연혁

- **1969년 3월** 대한항공공사의 민영화, 대한항공 설립
- **1971년 4월** 미주항로 정기 화물 노선(서울 ~ 동경 ~ 호놀룰루~ 로스앤젤레스) 최초 개설
- **1972년 4월** 미주 항로 정기 여객 노선(서울 ~ 동경 ~ 호놀룰루 ~로스앤젤레스)최초 개설
- **1973년 10월** 유럽항로 정기 화물노선(서울 ~파리) 최초 개설
- **1975년 3월** 유럽항로 정기 여객노선(서울~ 파리) 최초 개설
- **1979년 3월** 서울 - 뉴욕 여객노선 개설

4) 경영실적

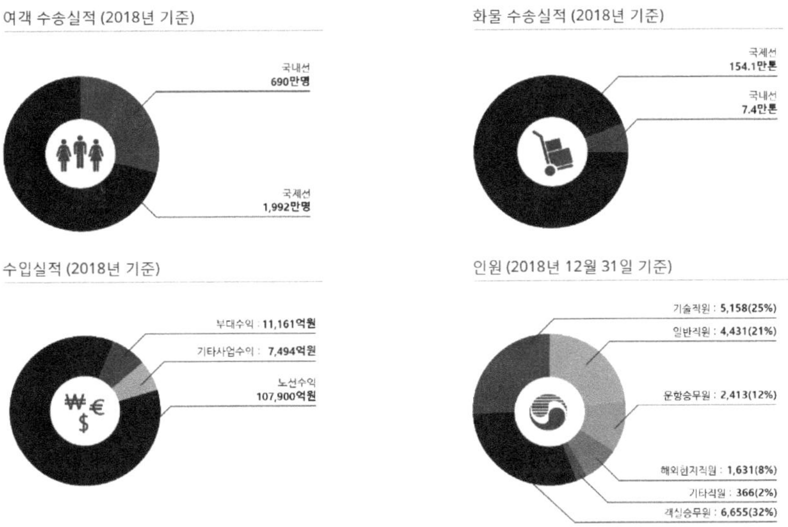

[그림 6-4] 대한항공 홈페이지 발췌

5) 보유항공기

- 여객기 : 146
- 화물기 : 23

총 169대(2019년 6월 기준)

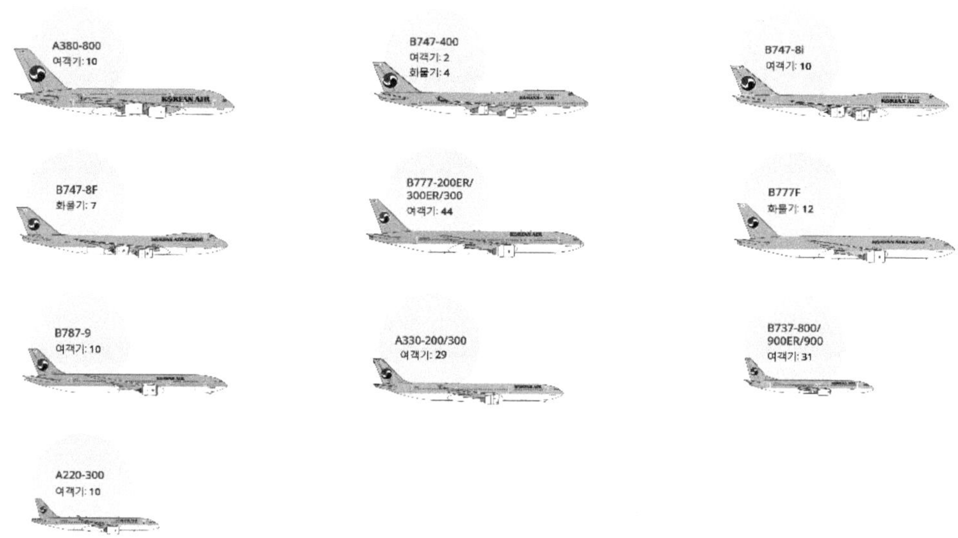

[그림 6-5] 대한항공 홈페이지 발췌

6) 주요 사업 소개

a. 여객사업

2018년에는 여객 노선수익이 전년 대비 10% 증가하였습니다. 국제 유가 및 금리 상승으로 어려운 시장 상황이 지속되었으나 델타항공과의 조인트벤처 출범, 인천공항 제2여객터미널 이전 등 중장기 성장 프로젝트를 기반으로 수요 확대를 적극 추진하여 전년동기 대비 수송 (유상승객거리, RPK) 3% 증가를 시현하였습니다. 한국뿐만 아니라 해외지역의 수요가 호조를 보였으며, High class 수송실적은 전년비 9% 증가를 기록하였습니다.

b. 화물사업

국제항공운송협회(IATA)의 발표자료에 의하면 국제선 화물 물동량은 전년에 이어 2018년에도 증가세를 유지 하였으나, 시장 공급 증가율이 물동량 증가율을 초과하는 등 항공화물 시장에서 항공사간 경쟁은 더욱 심화되었습니다.

c. 항공우주사업

대한항공 항공우주사업본부는 지난 40여년간 국내외 유인 항공기 및 항공기 구조물 설계, 제작, 생산, 정비, 성능개량 등을 통해 확보한 경험과 기술력을 바탕으로, 각종 무인 항공기 개발사업에도 참여하고 있으며 명실상부한 유､무인기 종합 항공우주업체로 도약하고 있습니다.

d. 기내식사업

기내식사업은 항공기 승객들의 다양한 기호와 여행 시간대에 맞는 음식을 제조､서비스하는 사업으로 식품의약품안전처로부터 HACCP (Hazard Analysis Critical Control Point : 식품안전관리인증기준) 업소로 지정 받았으며, 인하대 부설 식품안전연구센터를 설립하여 기내식 원재료부터 제조, 고객 서비스에 이르기까지 생산공정을 체계적으로 관리함으로써 식품 위생 및 품질을 세계 최고 수준으로 업그레이드 하였습니다.

e. 기내판매사업

기내판매사업은 대한항공의 국제선을 이용하는 고객들에게 기내에서 면세품을 판매하는 사업으로, '기내면세품 사전예약 주문제도'를 적극 운영하는 등 판매효율성 제고를 위해 노력하고 있습니다. 또한 고객의 Needs를 끊임없이 조사, 연구하여 다양한 상품을 제공하고, 엄격한 품질관리를 통하여 고객의 만족도를 높이고 있습니다.

f. 리무진사업

리무진사업은 인천 및 김포공항에서 시내 주요 호텔간 고급 교통편을 제공하는 운송 서비스 사업으로서, 1992년 사업시작 이후 공항을 이용하는 내·외국인들에게 안전하고 편안한 운송수단을 제공하고 있습니다. 대한항공은 2015년 2월 1일 부로 경영효율성 제고를 위해 리무진 사업을 (주)항공종합서비스로 양도하였다.

7) 대한항공의 유니폼

대한항공 승무원의 유니폼은 대한항공의 이미지이자, 동시대 여성들의 선망이 되어왔습니다. 1969년부터 최근까지 열 한차례 새로운 디자인을 선보였고, 매번 당대 최고의 디자이너에 의해 시대의 유행과 패션을 반영함으로써 화제를 모았습니다. 특히나, 최근까지 입고 있는 유니폼은 이탈리아의 디자이너 지안 프랑코 페레의 작품으로 치마와 바지를 모두 입을 수 있게 하여 글로벌한 항공사의 이미지에 적합한 변화라는 평을 받았다.

대한항공의 첫 번째 유니폼으로 베이지색 블라우스와 다홍색 치마를 선보였습니다. 디자이너 송옥의 작품으로, 이 유니폼은 당시 여러 서비스 분야에서 모방될 만큼 사회적으로 큰 유행을 불러일으켰다.

미니스커트가 선풍적으로 유행하던 1970년대 초반, 당시 유니폼은 감색 모직 소재를 사용한 원피스와 모자로, 전체적으로 실용적이면서 차분한 분위기를 연출했습니다.

1972년 국내 최초로 미주노선이 취항했던 시기의 유니폼입니다. 감색 색상에 금단추로 장식한 재킷과 스커트, 모자를 착용했습니다.

곡선을 살린 모자와 하늘색 의상으로 화사한 느낌을 주는 디자인입니다. 이 시기 처음 도입한 스카프는 1986년까지 다양한 매듭 형태와 무늬로 승무원 패션 아이템으로 꾸준히 활용되었습니다.

1975년 파리 취항으로 우리의 날개가 유럽으로 첫 비행을 시작했던 시기 유니폼입니다. 대한항공 로고에 사용되었던 붉은색 고니 무늬에 흰색 블라우스, 혼합컬러의 스카프로 포인트를 주었습니다.

모자가 포함된 마지막 유니폼 디자인입니다. 재킷과 스커트, 모자를 모두 같은 색상으로 통일해 깔끔하고 단정한 분위기를 연출했습니다. 대한항공 로고가 들어간 스카프로 포인트를 주었으며, 반소매 블라우스와 무릎 길이의 스커트로 편안함을 강조했습니다.

중동시장 개척에 노력을 기울이던 시기의 유니폼으로 전반적으로 기존 유니폼 스타일을 유지하였습니다. 빨간색과 감색의 물결무늬 블라우스는 대한항공 유니폼에 새로운 변화를 주었다는 평가를 받았습니다.

1980년대는 대한항공과 떼놓고 생각할 수 없는 태극무늬 로고가 도입된 시기입니다. 당시 유니폼은 점퍼스커트에 흰색 블라우스, 로고를 프린트해, 대한항공만의 이미지를 선보였습니다. 재킷 왼쪽 가슴의 빨간색 손수건 장식이 신선하다는 반응을 얻었습니다.

단청무늬 벨트로 전통미를 살리고, 주름스커트로 활동적인 이미지를 부각한 유니폼입니다. 미국의 조이스 딕슨이 디자인한 작품으로, 당시로서는 파격적으로 해외 패션디자이너가 디자인해 화제를 모았습니다.

세련미와 전통미를 갖춘 유니폼으로, 태극 문양을 이용한 리본 모양의 스카프가 외국인들에게 대한항공을 상징하는 아이템이라는 평가를 받았습니다. 디자이너 김동순의 작품으로 최장기간 동안 대한항공 유니폼 자리를 지켰습니다.

전통적인 아름다움과 세계적인 패션 감각이 조화를 이루는 우아하고 세련된 디자인으로 이탈리아의 디자이너 지안프랑코 페레의 작품입니다.

인체공학적인 디자인과 신축성 있는 소재로 기능성을 강조하고, 스커트와 바지의 두 가지 디자인을 도입해 활동성을 높였습니다.

8) 수상내역

2011 - 2012

- 2012 1월 서울 영상광고제 TVCF 어워드 2011' 그랑프리 포함 3개상 수상
- 中'웨뤼(悦旅)'주최'차이나 트래블 어워드','중국인이 가장 선호하는 외국 항공사'상 수상
- 2월 '2011년도 개인정보 보호 대상' 시상식서 '대통령 직속 개인정보보호 위원장상' 수상
- 영국의 항공 여행 전문지 Travel Plus 紙 선정 2012 Travel Plus Airlines Amenity Bag Awards 중 Best Premium Economy & Economy Class Amenity Bag/Kit 부 문 수상
- 3월 한국 HRD 협회 선정 교육 전 분야에서 가장 우수한 기업에 수여되는HRD 경영종합대상 (Best HRD Award) 수상
- 2012 한국능률협회선정 K-BPI - 항공사부문 1위 인증 (14년 연속)
- 한국광고주협회 제20회 소비자가 뽑은 좋은 광고상 TV 및 잡지 부문 수상
- 中 '트래블 앤 레저 투어리즘 어워즈 2011'에서 항공사 브랜드 부문 대상 수상
- 4월 한국생산성본부 주관 국가고객만족도(NCSI) 국내선,국제선 항공부문 1위
- 한국광고학회 주관 제 19회 올해의 광고상 인터넷 부문 수상
- 5월 2012 서비스마케팅 대상 수상
- 2012 서울경제신문주최 국가경쟁력대상 / 국토행양부 장관상
- 6월 일본능률협회컨설팅 주관 글로벌고객만족도(GCSI) 항공부문 1위
- 대한항공, A330 항공기 최우수 운항상 수상
- 7월 Frequent Business Traveler 선정 Best Business Class Lounge 상 수상
- 8월 대구세계육상선수권 대회 성공개최 기여 체육훈장 거상장 수상
- 국토해양부 주관 2012 서울 핵안보회의 공로 표창 수상

- 9월 지식경제부 주관 항공 산업 기술개발 기여 장관 표창 수상
- 10월 환경부 주관 2012 녹색기업 대상 '최우수상' 수상
- 한국표준협회 주관 한국서비스품질지수(KS-SQI) 항공부문 1위
- World Travel Awards 주관 Asia's Leading Airline First Class 선정
- Travel + 선정 최고의 라운지 상 수상
- 11월 Travel+Leisure 주관 2012년 최고의 항공사 TOP 10 선정
- 한국광고협회 주관 2012 대한민국광고대상 인쇄 및 라디오 부문 대상, TV 부문 금상
- 12월 Global Times 주관 중국인에게 사랑받는 최고 항공사 TOP3 선정
- World Travel Awards 주관 World's Most Innovative Airline Excellence in Service상 수상
- Business Traveler 선정 Best Airline in Asia 부문 수상
- 2011 2월 한국 'HRD' 협회 주관 경영종합대상(Best HRD Award) 수상
- 3월 한국 생산성 본부 주관 국가고객만족도(NCSI) 국내선, 국제선 항공부문 1위
- 5월 면세업계 최고 권위誌 'DFNI' 주관 '2010 DFNI Awards in Asia/Pacific' - 2011년 기내면세품 서비스 우수 항공사 선정
- 6월 일본능률협회컨설팅 주관 글로벌고객만족도(GCSI) 항공부문 1위
- 9월 중국 유명 여행패션전문지 보야지(Voyage) 주관 '최고의 아시아 항공사'상 수상
- 10월 '월드 트래블 어워즈 2011 아시아 · 오스트레일리아 지역 시상식'에서 아시아 최고 일등석 항공사' 수상
- 미국 유력 여행업계지 '트래블 위클리(Travel Weekly)' 선정, 항공사 '광고/마케팅 캠페인' 부문 금상 및 '비즈니스 클래스' 부문 은상 수상
- 한국광고학회 주관 '올해의 브랜드'로 선정

2006 - 2010

- 2010 1월 Travel&Leisure사 선정
  - 최고의 항공 브랜드 대상
- 2월 한국능률협회 컨설팅 K-BPI 선정
  - 항공사 부문 1위 인증 (12년 연속)
- 디지털 조선일보사 주관
  - 2010 소비자가 뽑은 가장 신뢰하는 브랜드 대상 (운송서비스 항공기 부문)
- Business Traveler지 선정
  - Cellars in the SKY Award 2009 (First/Business Red Wine 2위)
- 3월 중국 時賞旅遊 National Geographic Traveler 선정
  - 최고의 국제선 취항 항공사 BEST TOP 3 브랜드스톡 선정
  - 2010년 대한민국 브랜드 스타 (항공사 부문 1위 인증)
- 미주 Air Cargo World 지 선정
  - Air Cargo Award of Excellence
- 4월 면세업계 최고 권위誌 'DFNI' 주관 '2010 DFNI Global Awards'
  - 2010년 기내면세품 서비스 우수 항공사 선정
- 5월 면세업계 최고 권위誌 'DFNI' 주관 '2010 DFNI Awards in Asia/Pacific'
  - 2010년 기내면세품 서비스 우수 항공사 선정
- 사단법인 한국추진공학회 주관
  - 2010년 춘계학술대회 참석 및 후원 감사패 수상
- 6월 일본 시즈오카현 지사
  - 시즈오카 공항 개항 1주년 기념 안전운항과 고객서비스로 감사장 수상
- 일본능률협회 컨설팅
  - 글로벌 고객만족도(GCSI) 1위 6년 연속 선정
- 7월 한국표준협회

- 2010 프리미엄브랜드 지수 (KS-PBI) 항공기 기내서비스부문 1위
- 8월 Smart Travel Asia社 주관
  - 세계 최우수 10대 항공사 선정
- 10월 미국 ETQ사 주관
  - 대한항공 안전관리시스템 최우수 혁신상 수상
- 한국 표준 협회
  - 한국 서비스 품질지수 (KS-SQI) 항공부문 2년 연속 1위
- 환경부 주관
  - 2010 녹색성장 유공포상 '환경부장관상' 수상
- 11월 PAX International지 선정
  - PAX Readership Awards (2010년 아시아지역 Outstanding food service by a carrier.)
- 환경재단 주관
  - 2010 로하스 경영대상 수상
- 12월 한국인터넷커뮤니케이션협회 주관
  - 인터넷고객만족대상 e-글로벌 부문에서 기업의 글로벌 사이트로서 고객만족을 실현한 우수사례로 선정
- 2009 2월 면세업계 최고 권위誌 'DFNI'주관 '2009 DFNI Global Awards'에서 최고 기내면세품 서비스 우수 항공사 선정
- 한국 'HRD' 협회 주관 인적자원개발 종합 대상 수상
- 3월 동아닷컴/한경닷컴/imbc 주관
  - '2009년 대한민국 대표 브랜드' 대상 수상(항공사 부문 2년 연속)
- 4월 디지털 조선일보 주관
  - '2009년 소비자가 뽑은 가장 신뢰하는 브랜드' 대상 수상 (운송 서비스 항공사 부문)

- CAAS(Civil Aviation Authority Of Singapore) 주관
  - 'TOP 10 CARGO AIRLINE' 4년 연속 선정
- 6월 말레이시아 공항공단 선정
  - '2008년 올해의 항공사' (외항사 화물 부문)
- 중앙일보/포브스 코리아/한국소비자포럼 선정
  - 'The Company of Korea 2009' - 신뢰기업 부문
- 서울경제신문 / 한국경영평가원 주관
  - '2009 대한항공 경영혁신' 대상(종합대상부문) 수상
- 10월 2009 TTG Asia 주최
  - 2009 TTG 트래블 어워드에서 '올해의 북아시아 항공사' 수상
- 한국 표준 협회 선정
  - 한국 서비스 품질지수 (KS-SQ1)항공부문 1위
- 면세사업 관련 세계적 권위지 Frontier誌 선정
  - The 25th Frontier Awards Best partnership Initiative the Year
- 11월 세계일보 선정
  - 2009년 녹색경영 대상
- PAX International 誌 주관
  - PAX Readership Awards 에서 '2009 글로벌 어워드' 대상
- '2009 아시아지역 최고의 기내식서비스 항공사' 수상
- 12월 웹 어워드위원회 주관
  - 기업프로모션 분야 최우수상
- World Traveller 선정
  - 중국인이 선호하는 최고 국제항공사
- 2008 2월 항공업계 최고 권위지 ATW 주최 '2008 광고 어워드'에서 기업부문 최고상(금상) 수상
- 제 6회 한국HRD대상 '인적자원개발 종합대상'시상식서 최고상인 인적자원개발

종합대상(Best HRD Award) 수상

- 3월 한국광고주 협회에서 진행한 소비자가 뽑은 좋은 광고 잡지광고 부분 수상
- 한국광고확회 주최 잡지부문 '올해의 광고상' 수상
- 4월 美 '인사이드 플라이어'誌 주관 '프레디 어워드' 2개 부문 수상
  - 베스트 회원 커뮤니케이션' 부문
  - 베스트 고객 서비스' 부문
- 6월 동아닷컴/한경닷컴/IMBC 주관 대한민국 대표브랜드 대상 수상
- 한국경제신문사 주관 대한민국 명품브랜드 대상 수상
- 일본능률협회컨설팅 주관'글로벌 고객 만족도(GCSI)'인증
  - 항공 여객 운송 서비스 부문 4년 연속 1위
- 7월 경향신문사 주관 신뢰경영대상 수상
- 10월 한국경제신문 주관 2008년 대한민국 지속가능경영 대상 수상
- 정부기관 주관 산업포장 대통령상 수상
- 11월 한국항공우주학회 주관 한국항공 우주학회 기술상 수상
- 행정안전부 주관 개인정보보호 우수기관 선정
- 12월 환경부 주관 환경부장관 표창 수상
- 국토해양부 주관 국가 항공보안 업무에 기여, 표창장 수상
- 美 'Business Traveler'誌 3개 부문 최우수 항공사 선정 (3년 연속) - Best Trans-pacific Airline (Business Class) / Best Asian Airlines / Best Ad Campaign
- 2007 1월 U.S Business Traveler, Asia Pacific's Best Business class awards 美 비즈니스 트래블러, 아태지역 최고 비즈니스 클래스상
- 2월 U.K Business Traveler, Took the first ranking in Business class white wine 英 비즈니스 트래블러, 비즈니스 클래스 화이트 와인 부문 1위
- 3월 Mercury Awards: Gold Medal for On-Board Service Air
  - 머큐리상: 기내 서비스 부문 금상

- 4월 U.K. OAG 'Airline of the Year': Best Economy Class Award.
- U.S BoeingCompany: 'Best Business Partner' Award
- 英 OAG '올해의 항공사상' : 최우수 이코노미 클래스 상, 美 보잉社: '최우수 사업 파트너'상
- 9월 World Airline Entertainment Association's (WAEA) 2007 Avion Awards'Best Achievement in In Flight Entertainment' Top 3
- 'Best in Region - Asia & Australasia' Top 3 세계 기내엔터테인먼트 협회(WAEA) '에비온 어워드'(Avion Award)' '최고 성과상' 부문 3위
- '지역별 최고 항공사상' 부문 아시아-대양주 지역 3위
- 12월 2007 Readers' Choice Travel Survey : 'Best Airline in Asia' and 'Best Transpacific Business Class'
- 여행월간지 Business Traveler 미국판 수여 '아시아 최고 항공사 상'
- '아시아행/태평양노선 최고 비즈니스클래스 상'
- 2006 2월 항공월간지 ATW 수여 Phoenix상 - 21세기 들어 가장 성공적인 변신을 이룩한 항공사에 수여하는 상
- 'PAX International' : Asia's top airline for 'Outstanding Food Service by a Carrier' and 'Best New Product Launch'
- 격월간지 PAX International 선정 '우수 기내식 항공사' '최고 신제품 도입'
- 3월 Mercury Award : Bibimguksoo (Spicy Korean Noodles)
- IFSA 수여 기내식 상 Mercury Award - 비빔국수
- Airbus사 수여 A330 최우수 운항상
- 6월 World's top commercial airline cargo operation (IATA ranking, 2nd year)
- 세계 항공화물 수송 1위 (IATA 집계순위, 2년 연속)
- UK's Priority Pass : Korean Air Lounge at Incheon Airport No.1 in Asia Pacific

- 영국 Priority Pass사 선정 아태지역 최고 라운지 - 대한항공 인천공항
- 9월 'Overhaul and Maintenance' MRO Asia Awards : Asia-Pacific Airline of the Year
- MRO업계 월간지 'Overhaul and Maintenance' 선정
- 아태지역 최고 항공사
- 10월 Time Readers' Travel Choice Awards 2006
  - No. 1 for Best First/Business Class and Best Frequent Flyer Program
  - No. 2 for Preferred Airline
- Time 아시아판 독자투표 선정
  - 최고 일등석/비즈니스석, 최고 마일리지 프로그램 1위
  - 선호 항공사 2위
- 11월 'PAX International' : Airline of the Year Food Services for 2006
- 격월간지 PAX International 선정 '2006 아시아 우수 기내식서비스 항공사'

2001 - 2005

- 2005 1월 IOSA Certification IOSA (IATA의 항공 안전 검사) 인증 획득
- 6월 World's top commercial airline cargo operation (IATA ranking, 1st year) 세계 항공화물 수송 1위 (IATA 집계순위, 최초)
- 10월 Boeing : 'Outstanding Dispatch Reliability' Award 보잉사 수여 '운항 신뢰도 우수상'
- Airbus : 'Operational Excellence' Award 에어버스사 수여 '우수 운항상'
- 11월 TIME Readers' Travel Choice Awards 2005 : No. 2 for Best First/Business Class, Best Economy Class, Best Service, etc. : No. 5 for Preferred Airline
- Time 아시아판 독자투표 선정

- 최고 일등석/비즈니스석, 최고 일반석, 최고 서비스 2위
- 선호 항공사 5위

- 2004 11월 Business Traveller 2004 Cellars in the Sky : Best Business and First Class Wine
- 여행월간지 Business Traveler 영국판 수여 와인상 Cellars in the Sky의 '최고비즈니스/일등석 와인'
- 2003 2월 ATW Cargo Airline of the Year
- 항공월간지 ATW 수여 '최고 항공 화물 항공사'
- 7월 'Business Traveller' Best Cellar in the Sky (2nd consecutive year)
- 여행월간지 Business Traveler 영국판 수여 와인상 Cellars in the Sky (2년연속)
- 2002 11월 Flight Safety Foundation's Safety Award to President Y.T. Shim
- Flight Safety Foundation 안전상 수상자로 심이택 사장 선정

1998 - 2000

- 2000 9월 'Business Traveller' No.1 Frequent Flyer Program, Economy Class
- 여행월간지 Business Traveler '최고 마일리지 프로그램', '최고 일반석' 1위
- 1998 2월 Mercury Award : Bibimbab(mixed vegetable and rice)
- IFSA 수여 기내식 상 Mercury Award - 비빔밥

2014

- 일본능률협회컨설팅 주관 '2014 글로벌고객만족도(GCSI) 조사' 항공여객운송서비스 부문 1위
- '동아일보' 선정 '행복기업대상' 수상
- 'Effie Award Korea 2014' 전체 대상 및 디지털 플랫폼 부분상 수상

- 면세업계 최고 권위지 'DFNI(Duty Free News International)' 주관, 2014 DFNI Asia/Pacific Awards - Best Website Serving the Asia/Pacific Travelling Consumer 선정
- 2014 DFNI 2014 DFNI Global Awards - Best Inflight Travel Retailer of the Year 선정
- '한국광고학회' 주관 '제21회 올해의 광고상' 인쇄 부분 최우수상 수상
- '이코노미스트/중앙일보' 주관 '국가브랜드대상' 수상
- '한국광고주협회' 선정, '제22회 소비자가 뽑은 좋은 광고상' 문화체육관광부 장관상 인쇄부분 및 좋은 광고상 TV 부문 수상
- 'Voyage(新旅行)' 주관 '최고의 서비스 혁신 항공사' 선정'
- '포브스코리아' 주관, '소비자 선정 최고의 브랜드 대상' 수상
- 'Travel & Leisure' 지 주관, '최우수 항공사' 선정
- "Oriental Morning Post' 지 주관, '2013년 최고의 외항사' 선정

2015

- 'GLOBAL TIMES(环球时报)'지 주관, "중국인에게 사랑받는 최고의 외국 항공사 TOP3" 선정
- '漫绿(Travel+Leisure)'지 주관, "TOP10 항공사" 선정
- '제42회 매일경제 광고대상' 뉴미디어 부문 수상
- AIRBUS 주관, 'A330 Award for Top Operational Excellence' A330/A340 Family Symposium 수상
- '私家地理(Travel+)'지 주관, "2015 최우수 항공사 TOP10" 선정
- 일본능률협회컨설팅 주관, '2015 글로벌고객만족도(GCSI) 조사' 항공여객운송서비스 부문 1위
- 'Effie Award Korea 2015' 전체 대상 수상

- '한국산업안전보건공단' 주관, 테크센터 무재해 22배수 달성
- 'Business Traveler'지 주관, 'Cellars in the Sky Award 2014' 수상
  - Best First Class Fortified or Dessert Wine 2위
  - Best Business Class Sparkling Wine 3위
  - Best Business Class Wine Cellar 3위
- (주)애드크림 - TVCF.co.kr 주관, 'TVCF AWARD 2014 동상' 수상

2016

- 글로벌경영협회 주관, 글로벌고객만족도(GCSI) 항공여객운송서비스 부문 1위 (12년 연속 수상)
- 한국여행업협회 주관, 2016 여행사 친화적 항공사 대상 수상
- 한국무역협회 주관, 항공우주사업 칠억불 수출의 탑 수상

2017

- 글로벌경영협회 주관, 글로벌고객만족도(GCSI) 항공여객운송서비스 부문 1위 (13년 연속 수상)
- 에피 어워드(Effie Awards Korea) 2017 디지털 주도 아이디어 부문 금상
- 한국 광고 총연합회 주관, 2017년 대한민국 광고대상 통합미디어부문 대상

2018

- 글로벌경영협회 주관, 글로벌고객만족도(GCSI) 항공여객운송서비스 부문 1위 (14년 연속 수상)
- Airlineratings.com "Airline of the Year" Award - Best Economy 상 수상

9) 인사철학

"사람"은 대한항공이 가장 소중하게 생각하는 가치이자 자원입니다.

대한항공의 인사철학은 인사를 운영하는 원칙과 인재상에 반영됨으로써 인사 전반을 움직이는 하나의 Rule로서 인식하고 있다.

a. 인사원칙

- 자율과 책임 존중
- 창의성과 도전정신을 중시
- 열린 인사
- 역량과 성과중시

b. 인재상 : KALMANSHIP

진취적 성향의 소유자

- 항상 무엇인가를 개선하고자 하는 의지를 갖고 변화를 통해 새로운 가치를 창조해내고자 하는 진취적인 성향의 소유자를 필요로 한다.
- 지금과 같이 급변하는 시대에 필요한 인재는 고정관념을 깨뜨리고 미래를 관리할 수 있는 진취적인 사람이다. 주어진 일에 대해 항상 무언가 개선하고자 하는 의지를 갖고 사람들의 머리 속에 고정관념의 틀을 개며 항상 변화하고 발전을 꾀하는 진취적인 사람들을 찾는다.

서비스 정신과 올바를 예절을 지닌 사람

- 단정한 용모와 깔끔한 매너, 따뜻한 가슴으로 고객을 배려하는 서비스정신과 올바른 예절을 지닌 사람

- 항공사란 그 자체가 서비스의 결정체로 단정한 용모와 깔끔한 매너, 따뜻한 가슴으로 고객을 배려하는 모습은 모든 항공사가 자기 직원에게 공통으로 바라는 이상적인 이미지이다. 항공사에 있어 주인정신과 프로정신을 바로 서비스 정신으로 나타난다.

국제적인 감각의 소유자

- 자기 중심사고를 탈피하여 세계의 다양한 문화를 이해할 수 잇는 세계인으로서의 안목과 자질을 갖춘 국제적인 감각의 소유자를 원한다.
- 글로벌 항공사에서 일하고자 하는 사람에 있어 유창한 외국어 구사능력은 기본으로 오늘날과 같은 국제화 시대를 이끌어 갈 사람은 어학실력, 열린 마음 및 넓고 깊은 문화적 지시과 이해를 지닌 세계 시민이 되어야 한다.
- 그러나 단순히 외국어를 잘하는 사람보다 대한항공의 고유한 문화의식을 바탕으로 외국의 문화와 습관, 에티켓 등을 충분히 이해하여 깨끗한 매너로 상대방을 존중하는 가운데 품위있고 자신있는 대화를 나눌 수 있는 능력이 대한항공이 바라는 인재이다.

성실한 조직인

- 작은 일이라도 책임감을 가지고 완수하며 원만한 대인관계를 유지해 나가는 성실한 조직인을 원한다.
- 거대한 조직의 구석구석에서 나사못과 윤활유 역할을 담당하는 성실한 일꾼이야말로 대한항공의 인재이며 아무리 능력이 탁월해도 매사에 최선을 다하는 성실한 조직인을 원한다.
- 대한항공은 일의 성과 못지않게 그 과정또한 중시하므로, 보조자의 성실한 역할 또한 높이 평가하고 중시한다.

10) 인사제도

a. 직급 체계

직급체계

- 대한항공의 직종은 크게 일반직, 기술직, 운항승무직, 객실승무직으로 구분할 수 있습니다.
  각 직종은 모든 직무의 전문성을 강화하고 조직 구성원의 전문 역량을 효율적으로 확충하기 위한 도구로서 직종별 직급체계가 마련되어 있습니다.
- 일반직과 기술직의 경우는 양성 및 활용목적에 따라 직부(Course)제도를 운영하고 있습니다.
- 직급체계는 각 직종 및 직부에 따라 다르게 구성되어 있습니다.

일반직			기술직		객실승무직	운항승무직	기타직
종합직부	전문직부	서비스사무직부	종합직부	전임직부			
1급 2급 3급 4급 5급	전문 1급 전문 2급	SVC매니저 사무 1급 사무 2급 사무3,4급	기술 1급 기술 2급 기술 3급 기술 4급 기술 5급	수석 기술감독 선임 기술감독 기술감독 선임 기술기사 기술기사	객실승무1급 객실승무2급 객실승무3급 객실승무4급 객실승무5/6급	기장 부기장 수습조종사	전산직 연구직 조리직
다직무경험 관리자	특정분야 전문가	서비스/사무 Expert	기술관리자	기술부문 숙련가	최상의 객실서비스 제공	안전제일 운항	

〈 직종별, 직부별 직급체계 구성도 〉

인사제도의 기본운영 체계

- 대한항공의 인사제도는 양성, 평가, 보상이 유기적으로 연계되어 있는 종합 인사시스템(Total HR System)을 지향하고 있습니다.

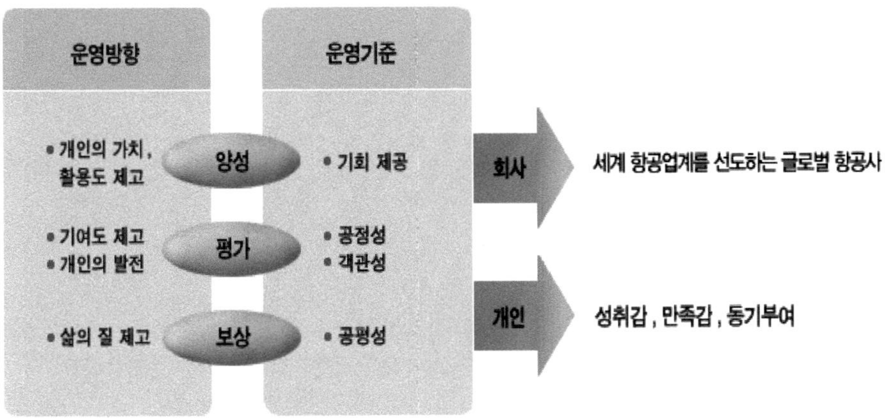

- 21C Global Leading Carrier를 추구하는 대한항공에서는 다양한 직종구성에 맞는 다면적인 양성, 평가, 보상체계를 운영하고 있으며 구성원은 이를 통해 일에 대한 성취감, 만족감을 높이고 동기를 부여 받게 됩니다.

11) 스카이팀

스카이팀 회원사

2000년 6월 미국의 델타항공, 프랑스의 에어프랑스, 대한민국의 대한항공과 아에로멕시코 이렇게 4개의 대형항공사가 함께 모여 글로벌제휴관계를 맺고 항공동맹체인 스카이팀을 설립했다.

그 이후, 여러 항공사가 회원으로 추가 가입하여 현재 19개국의 항공사가 소속되어 있으며 소속 항공사는 체코항공, KLM, 아에로멕시코, 아르헨티나항공, 아에로플로트, 중국남방항공, 케탸항공, 베트남항공 등이 있다.

스카이팀은 성장을 거듭하면서 회원사 수는 세 배 이상, 항공편 수는 두배, 취항지 수는 두 배 가까이 늘임으로써 승객들이 상용 고객 프로그램을 이용하여 보다 더 편리하게 전 세계를 연결하기 쉽도록 더 많은 취항지, 더 많은 비행편, 더 나은 연결편을 제공하고 있다.

a. 개요

19개 회원 항공사에서 전 세계로 175개국 1,150취항 도시로의 거의 14,500회에 이르는 일간 비행편을 통해 사상 최대의 항공편과 연결을 제공한다.

1,150 +
취항 도시

175 +
취항 국가

14,500 +
일간 항공편

6 억 3 천만 +
연간 총 승객 수

750 개
라운지 수

2000년
설립년도

12) 사회공헌 활동

대한항공은 2007년부터 몽골, 베트남, 필리핀, 케냐 등지의 의료봉사 프로그램을 후원하여 심장병 어린이의 치료를 돕고, 2008년 이라크의 평화정착 및 재건사업 등에 동참하였다. 이는 대한항공이 국적을 넘어 필요한 곳에 적극적으로 도움의 손길을 내미는 대표적 사례라 할 수 있으며 이와 더불어 연중 지속적으로 지역사회 자원봉사, 기부금, 구호품 수송 및 체육문화 사업 등의 후원 활동을 하며 사회 구성원으로서 기업의 역할에 최선을 다하고 있다.

뿐만 아니라, 대한항공 임직원은 26개의 사내봉사단체를 조직하여 국내 봉사활동은 물론 국경을 넘어 도움의 손길을 필요로 하는 곳에서 봉사활동을 펼치고 있다.

a. 1사 1촌 자매 결연

대한항공은 강원도 홍천군의 명동리 마을과 1사 1촌 자매결연을 맺고 있으며, 대한항공 직원으로 구성된 자원봉사자들이 직접 방문해 마을시설 보수 및 농촌 일손돕기 등 노력 봉사와 어르신들의 건강검진 등 의료봉사 활동을 펼치고 있다.

b. 사랑의 연탄나눔

대한항공은 2009년부터 어려운 이웃을 위해 사단법인 '따뜻한 한반도 사랑의 연탄 나눔운동'에 연탄을 기증하고, 그 중 일부를 직접 배달해 이웃 사랑을 실천하고 있습니다.

c. 유방암 예방 핑크 리본 캠페인

매년 10월, '유방암 인식 향상의 달'을 맞아 유방암 예방의 상징인 핑크 리본을 달고, 여성 탑승객들에게 유방암 자가진단 카드를 배포하는 등 캠페인을 전개하고 있으며, 객실승무원들은 자체 모금을 통해 암협회에 전달하는 기부활동을 펼치고 있습니다.

d. 하늘사랑 영어교실

2008년부터 매년 인천국제공항 인근 '용유초등학교' 학생들을 대상으로 생활영어 및 해외여행 시 사용할 수 있는 실용영어를 가르쳐주고 해외여행을 간접체험 할 수 있는 기회를 제공하고 있습니다.

e. 사랑의 집짓기 해비타트 운동

2001년부터 한국 해비타트와 파트너십을 맺고 무주택 서민을 위한 '사랑의 집짓기' 행사에 참여하여 주거 문제로 어려움을 겪고 있는 이웃들에게 집을 지어 기부하고 있습니다.

f. 중국 꿈의 도서실 기증

대한항공은 중국 지역 사회공헌 프로젝트인 애심계획(愛心計劃)의 일환으로 2010년부터 빈곤지역 초등학교를 대상으로 도서실을 만들어 기증하고 있습니다. 이를 통해 중국 어린이들의 꿈과 희망을 키워주고, 지역사회와 함께 하는 동행정신을 실천하고 있습니다.

13) 채용 절차 및 조건

a. 지원서 접수 방법

대한항공 홈페이지를 통해서 접수하며 우편, 방문접수, E-mail을 통한 접수는 실시하지 않습니다.

b. 지원자격

- 해외여행에 결격사유가 없고 병역필 또는 면제자
- 교정시력 1.0이상인 자
- 기 졸업자 또는 채용시 공고한 년월에 졸업가능자

- TOEIC 550점, TOEIC SPEAKING 레벨 6 또는 OPIc INTERMIDIATE 이상 취득한 자

c. 전형절차

d. 제출서류

- 어학성적표 원본
- 최종학교 성적증명서
- 졸업(예정)증명서 또는 재학증명서(석사 학위 이상 소지자는 대학 이상 전 학력 졸업 및 성적증명서 제출)
- 기타 자격증 사본(소지자에 한함)

e. 기타사항

- 국가 보훈 대상자는 관계 법령에 의거하여 우대함.
- 영어 구술성적 우수자는 전형시 우대함.
- 태권도, 검도, 유도, 합기도 등 무술 유단자는 전형시 우대함.
- 2년간 인턴으로 근무후 소정의 심사를 거쳐 정규직으로 전환 가능함.
- 일정 및 전형 절차는 당사 사정에 따라 변경될 수 있다.
- 원서 접수 마감일에는 지원자 급증으로 인해 접속이 원활하지 않을 수 있으므로 조기에 원서 제출하기 바람.

f. 면접 가이드 라인

대한항공에서는 면접지원자들을 대상으로 해서 홈페이지에 직접 가이드 라인을 작성하여 지원자를 배려하고 있으며 그 내용은 다음과 같다.

g. 서류전형안내

- 기본 인적 사항 및 자기 소개서 3개 항목을 600자 이내로 인재상에 부합하도록 작성하여 제출바람.
- 지원서(자기소개서)는 1차/2차 모든 면접시에 면접관이 참고하므로 간단 명료하며 특징있고 전달력있게 작성하시기 바랍니다.

1차면접(& 영어구술 테스트)

- 5~6인이 1조로 진행하며 면접과는 3~5명으로 약 20분간 면접이 이루어 진다.
- 복장은 남자의 경우 정장을 입고 진행하며, 여자의 경우 회사에서 준비한 유니폼으로 갈아입고 진행예정이다. 이때에도 남자와 마찬가지로 정장 또는 비즈니스 캐쥬얼의 단정한 복장으로 참가바람.
- 면접은 서서 진행한다. 면접관은 인사팀, 객실, 서비스 부문의 임원이 함께 참석하여 진행하는데 직무수행능력, 의사표현력, 상황대처능력 등을 심도있게 질문한다.
- 1차면접에 앞서 영어 구술테스트가 이루어진다.
- 영어 구술 테스트는 영어 기내방송문을 읽어보게 한 후, native speaker와 1:1로 진행하는데, 기내업무 수행을 위한 기본적인 영어능력을 평가한다.
- 이때, 발음, 전달력, 표현력 등을 전반적으로 평가하고, 자기 소개, 지원동기, 학교 생활 등 일상 생활과 관련된 회화능력을 평가한다. .

2차 면접

- 2차 면접은 5~6인이 1조로 들어가며 면접관은 3~4명이고 최고 경영진이 함께 참석하여 회사의 인재상과 부합되는지등을 종합적으로 판단하며 약 20분간 진행된다.
- 면접복장은 남자의 경우 정장이며 여자지원자의 경우는 1차 면접과 마찬가지로 회사에서 준비한 유니폼으로 갈아입고 진행하게 된다. 이때에도 남자 지원자와 마찬가지로 정장이나 비즈니스 캐쥬얼의 단정한 복장으로 참가한다.

건강검진

- 항공의료센터 전문 의료진의 주관으로 혈액/소변/청력 검사 등을 통해 기내서비스/안전업무를 수행할 수 있는 건강상태를 체크한다.

체력테스트/ 수영 테스트

- 항공의료센터 전문 운동사의 주관으로 제자리 높이뛰기, 윗몸일으키기, 눈감고 외발서기, 자전거 타기, 앉아 윗몸 앞으로 굽히기, 악력 등
- 대한항공 객실 훈련원 수영장에서 실시하며 배영을 제외한 영법으로 25m를 35초 이내에 완영

h. 면접 Q & A

영어 성적은 TOEIC 이외에 TOEIC SPEAKING 또는 OPIc 성적으로 대체 가능한가요?

- 가능합니다. 위 세 가지 시험 중 2년 이내에 국내에서 응시한 성적에 한해, 채용공고에 공지된 기준 이상의 점수를 소지한 경우에 지원 자격을 갖춘 것으로 인정하고 있다. 기타 어학자격의 경우 지원서에 기재시 면접전형에서 유리하게 작용할 수 있다.

편입한 경우에는 어떻게 학점을 입력해야 하나요?

- 편입한 대학의 최종 평균 성적을 입력해야 합니다.

학점은행제 이수 중인데 지원 가능한가요?

- 채용에 있어서 학력과 학교에 따른 일체의 차별을 하지 않습니다. 국가에 서 인정한 학점은행제도에 따라 지원시기에 맞는 졸업요건을 구비하셨으면 언제든 지원 가능합니다.

자기소개서는 어떻게 작성해야 하나요?

- 자기소개서는 간단 명료하며 전달력있게 작성하는 것이 가장 중요하며 객 실 승무원에게 필요한 자질과 덕목을 갖추기 위한 본인의 노력과 입사후 포 부를 참신하고 진솔하게 작성하면 됩니다.

영어면접 준비는 어떻게 해야 하나요?

- 업무시 필요한 의사소통 능력을 평가하는 것으로 자연스러운 의사소통능 력과 영어 구사능력을 준비하면 도움이 된다.

치아 교정을 하고 있는데 교정기를 착용해도 될까요?

- 전형기간 및 신입 교육훈련 기간의 교정기 착용은 괜찮습니다(약 6개월). 다만 입사 후에는 바깥으로 드러나는 교정기는 피하는게 좋습니다.

'세계 항공업계를 선도하는 글로벌 항공사' 오늘의 대한항공을 이끌어가는 비전입니다. 기울어가던 대한항공공사에서 세계적 항공사로 거듭나기까지, 결코 쉽지 않은 도전과 수많은 난관들이 있었지만, 대한항공은 위기 때마다 묵묵히 헤쳐나가며 오늘에 이르렀습니다.

02 아시아나항공

1) 회사 소개

아시아나항공은 '최고의 안전과 서비스를 통한 고객 만족'이라는 경영이념으로 1988년 창립하여 현재까지 전세계로 뻗어나가는 글로벌항공사로 성장하였으며, 대한항공과 더불어 국내 대표항공사로 자리매김하였다. 아시아나항공은 최고의 서비스를 통한 고객 만족을 핵심역량으로 정하고, 업계 최고 1등의 기업가치를 창출하는 아름다운 기업으로서의 역할을 다하고자 끊임없는 노력을 기울이고 있으며, 윤리, 환경, 상생경영, 사회공헌 등의 사회적 책임을 다하는 고객과 함께 지속적 성장을 추구하는 세계최고의 항공사가 되고자 노력하고 있다.

a. 기업개요

회사명	아시아나항공 주식회사
창립일	1988년 02월 17일
자본금	1조 261억원 (18년 1분기 기준)
업종	항공운수, 토목, 건축, 설비, 전기, 통신, 로고상품, 관광, 호텔, 교육, 기내식, 제조판매, 전자상거래, e-business
운항노선	국내선 10개 도시, 11개 노선 국제선(여객) 21개 국가, 62개 도시, 74개 노선 국제선(화물) 11개 국가, 28개 도시, 28개 노선 ※ 운휴노선 포함

동사는 항공운송사업을 영위중이며 주요 종속회사는 정보통신 부문의 아시아나IDT, 항공운송지원서비스 부문의 아시아나에어포트 등이 있음.

2018년 12월 기준 여객기 70대, 화물기 13대로 총 83대의 항공기를 보유함. 2019년에는 A350 4대 추가도입 및 A321NEO 2대 신규도입 등 총 6대를 도입해 운영할 계획임

정보통신부문에서 항공 3사 및 고속버스 등을 관계사로 보유해 경쟁력 있는 인프라와 전문 인력을 보유함.

b. 금호아시아나 가치체계

금호아시아나는 이해관계자들의 삶을 향상시키고, 업계 최고 1등의 기업 가치를 창출하는 아름다운 기업을 지향한다.

MISSION	금호아시아나그룹 이해관계자들의 삶의 질 향상 (금호아시아나그룹을 둘러싸고 있는 이해관계자란 직원, 고객, 주주, 협력사, 사회를 지칭합니다)
VISION	업계 최고 1등의 기업가치를 창출하는 아름다운 기업 • 지탄을 받지 않고 약속한 바를 꼭 지키며 건실하고 신뢰받는 기업 • 사회적 책임과 기업으로서의 역할을 다하고 사회에 공헌하는 기업 • 열정과 집념을 가지고 각자 자기분야에서 자기 역할을 다하는 사람들
STRATEGY	4대 핵심경영 방침 전략경영: · 목적지향 경영 · 목표지향 경영 · 전략적 경영 · 전술적 경영 인재경영: · 인간중심 경영 · 인재양성 경영 · 적재적소 경영 품질경영: · 신뢰경영 · 고객우선 경영 · 앞서가는 기술경영 윤리경영: · 기본과 원칙 경영 · 합리 경영 · 지탄받지 않는 경영

2) 아시아나의 상징

a. 심볼

"윙 WING"

- 고객과 함께 아름다운 미래로 비상하는 기업 의지를 형상화
- '금호'와 '아시아나'의 만남을 상징

b. 로고타입

ASIANA AIRLINES

아시아나항공

"CORPORATE SBQ(영문), 금호아시아나체(국문)"

- 견고한 정자 형태로 '신뢰' 이미지 전달

c. 그래픽 모티브

"색동의 氣 ENERGY OF SAEKDONG"

- 한국 전통 색동을 계승하여 현대적으로 재해석
- 역동적이고 발전하는 미래상을 표현

3) 아시아나항공의 연혁 및 수상내역

- 1988 12.23 국내선 첫 취항(서울-부산, 서울-광주)
  12.10 첫 항공기 (B737-400) 1번기 도입
  02.17 회사 설립
- 1989 10.20 서울-대구, 대구-제주 노선 취항
  02.19 광주-제주 노선 취항
  01.10 광주-제주 노선 취항
- 1990 12.17 서울-홍콩 노선 취항
  04.06 서울-센다이 노선 취항
  03.06 서울-후쿠오카 노선 취항
  02.08 서울-나고야 노선 취항
  01.10 국제선 첫 취항 (서울-도쿄)
- 1991 11.15 서울-로스앤젤레스 노선 취항
  01.02 박삼구 사장 취임
- 1992 12.21 서울-여수 노선 취항
  12.10 서울-뉴욕 노선 취항
  12.09 서울-샌프란시스코 노선 취항
  06.15 김포 화물청사 준공
  05.27 서울-사이판 노선 취항
  04.23 서울-오키나와 노선 취항
- 1993 07.20 서울-호놀룰루 노선 취항
  07.01 서울-호찌민 노선 취항
- 1994 12.22 중국노선 취항 (서울-베이징, 서울-상하이)
  11.06 화물기 첫 취항(서울-LA)
  09.05 서울-오사카 노선 취항
  06.23 서울-하바로프스크 노선 취항

	05.26	서울-마닐라 노선 취항
	04.16	서울-싱가포르 노선 취항
	02.17	UNICEF와 기내 "사랑의 동전 모으기 운동" 개시
• 1995	12.15	BS 7750 영국환경경영인증 획득(전부문)
	12.07	서울-시드니 노선 취항
	05.18	서울-시애틀 노선 취항
	05.14	서울-광저우 노선 취항
	01.01	전노선 기내 금연 실시
• 1996	09.01	ISO 14001 환경경영인증 획득(전부문)
• 1997	10.01	서울-델리 노선 취항
	05.29	서울-프랑크푸르트 노선 취항
	05.05	서울-이스탄불 노선 취항
	04.28	청주-제주 노선 취항
	04.22	서울-타슈켄트 노선 취항
	02.01	여수-제주 노선 취항
• 1998	12.16	대통령 전용기 첫 운항 - 한국산업안전공단 주관 안전경영대상 수상
	07.01	서울-사할린 노선 취항
	05.10	서울-옌타이 노선 취항
	03.31	서울-하얼빈 노선 취항
	03.30	서울-창춘 노선 취항
	03.18	에어버스 항공기 첫 도입(A321-100)
• 1999	12.24	아시아나항공㈜ 코스닥(KOSDAQ) 등록
	06.15	김포국제공항 제1청사로 영업장 이전
• 2000	11.27	한국인재경영대상 수상(한국능률협회-일반서비스부문)
	10.10	물류 대상 대통령 표창 수상
	10.02	한국산업의 고객만족도 1위 (능률협회 컨설팅)

08.17 서울-옌지 노선 취항

06.22 서울-충칭 노선 취항

06.13 서울-평양 직항로 특별기 역사적 첫 운항

04.03 서울-시안 노선 취항

서울-구이린 노선 취항

• 2001 10.17 서비스 품질지수 1위기업 선정(표준협회)

09.27 세계 관광의날 동탑 산업훈장 수상

08.11 한국관광경영대상 수상

07.10 인천 - 난징 노선 취항

05.05 인천-자카르타 노선 취항

04.24 인천-미야자키 노선 취항

04.18 인천-청두 노선 취항

02.05 ATW Passenger Service Award 2001 수상

• 2002 11.07 제1회 대한민국 녹색경영대상 기업부문 대상 수상 (한국능률협회컨설팅)

10.16 서비스품질지수 1위 기업 선정 한국산업의 고객 만족도(KCSI) 항공부문 1위 (7년 연속)

06.18 인천-항저우 노선 취항

05.11 인천-런던 노선 취항

05.02 IATA 가입

04.15 국가고객만족도(NCSI) 국내항공부문 1위 (5년 연속)

02.25 케이터링부문 ATW Gold Award Winner 수상

• 2003 11.03 아시아나항공, 대한축구협회 공식 후원사 계약 체결

10.30 인천-클라크필드 노선 취항

10.10 인천-하노이 노선 취항

09.16 아시아나 기내 단편 영화제 실시

03.01 Star Alliance 공식 가입

- 2004 12.23 아시아나 A330도입

11.25 인천-타이베이 노선취항

10.07 아시아나 능률협회 서비스 1위기업 선정

07.17 인천-텐진 노선 취항

07.15 인천-칭다오 노선 취항

04.07 국제선 항공좌석 인터넷 예약 시스템 도입

- 2005 09.28 2005년 고객만족도 및 서비스품질지수 1위기업

07.31 인천-시카고 노선 취항

06.15 Skytrax 세계 최고 승무원상 수상

06.03 보건복지부로부터 금연우수기업상 수상

03.28 인천-웨이하이 노선 취항

01.24 Global Traveler 기내 서비스/승무원 최우수상 수상

- 2006 05.24 인천-프놈펜 노선 취항

01.17 Global Traveler 기내 서비스/승무원 최우수상 수상

- 2007 01.26 3년 연속 Global Traveler 승무원 최우수상 수상

01.14 Business Traveler 최고 승무원/기내서비스상 수상

- 2008 12월 Business Traveler 최고 승무원/기내서비스상(3년 연속), 최고 콜센터상 수상

12.01 김포-오사카 노선 취항

10.27 에어부산 취항 (부산-김포 노선)

03.31 인천- 파리 노선 취항

2월 2007 Mercury Award 수상(당사 차밍서비스)

- 2009 3월 Air Transport World(ATW) 올해의 항공사상 수상

1월 Global Traveler 기내 서비스/승무원 최우수상 수상

- 2010 12.09 Business Traveler 최고 승무원/기내서비스상(5년 연속)

최고 콜센터상(3년 연속), 세계 최고 기내 서비스 상 수상
11.24 한국산업의 고객만족도(KCSI) 항공서비스부문 1위
10.20 2010년 한국서비스품질지수(KS-SQI) 항공사 부문 1위
07.23 Executive Travel 아시아 최고 항공 고객서비스 상 수상
05.20 Skytrax 올해의 항공사상 수상
03.24 국가고객만족도(NCSI) 국내항공부문 1위(13년 연속)
05.02 인천-지난 취항
2월 '英 Skytrax社 선정 4년 연속 '5星 항공사'
1월 Global Traveler 기내 서비스/승무원 최우수상(6년 연속)
북아시아 최고 항공사 상 수상

- 2011 12.14 인천-다낭 취항
12.08 Business Traveler 세계 최고 고객 서비스상 수상
12.01 Global Traveler 올해의 항공사상 수상
09.29 한국산업의 고객만족도(KCSI) 항공서비스부문 1위
07.01 김포~베이징 취항
05.01 Priority Pass 아태지역 최우수 라운지 선정
(당사 인천공항 탑승동 라운지)
04.14 외규장각 도서 반환 최초 수송
03.29 국가고객만족도(NCSI) 국제항공부문 1위 국가고객만족도(NCSI)
국내항공부문 1위(13년 연속)
01.19 Global Traveler 기내 서비스/승무원 최우수상(7년 연속),
북아시아 최고 항공사 상(2년 연속) 수상

- 2012 12.11 Premier Traveler 올해의 항공사상 수상
11.29 KS-SQI 항공사부문 1위
09.27 한국산업의 고객만족도(KCSI) 항공서비스부문 1위

07.21 Skytrax 최고 이코노미 좌석 상, 아시아 항공사상 수상

06.19 보건복지부 선정 모범 금연기업 표창

05.25 제 1회 가족친화경영대상 저출산해소부문 여성가족부 장관상 수상

03.22 제 1회 중국 아름다운 교실 자매 결연 실시

02.13 제 38회 ATW광고대상 올해의 광고상, 기업부문 금상(2년연속)

• 2013 08.01 인천 제 2격납고 오픈

01.11 Business Traveler 2012 올해의 항공사상 수상

• 2014 12.23 '도농교류 농촌사랑대상', '대한민국 교육기부대상' 수상

12.11 사랑의 기내 동전 모으기 운동 100억원 돌파

10.16 다우존스경영지수(DJSI) 항공운송산업 최우수 기업 선정(6년 연속)

06.26 한국서비스품질지수(KS-SQI) 항공부문 1위(5년 연속)

05.30 A380 1호기 도입

05.02 인천-지난 취항

02.14 임직원 1만명 돌파

01.01 김수천 사장 취임

• 2015 11.20 『대한민국 사회공헌대상』 보건복지부 장관상 수상

10.28 다우존스경영지수(DJSI) 항공운송산업 최우수 기업 선정(7년 연속)

10.15 대한민국 나눔국민대상 기업 사회공헌 부문 국무총리 표창

10.13 한국산업의 고객만족도(KCSI) 항공서비스부문 1위

09.18 대한민국 지속가능성 대회 지속가능성지수 항공업종 1위

08.08 인천-아스타나 취항

06.30 인천-로마 취항

06.11 베트남 아름다운 교실 개원

03.31 국가고객만족도(NCSI) 국내/국제항공부문 1위 석권

01.09 Business Traveler 세계최고기내서비스/지상서비스/콜센터상수상

- 2016
  - 11.01 통합안전정보관리시스템 도입
  - 07.12 Skytrax 세계 최고 이코노미 클래스/기내식/좌석 등 3개 부문 수상
  - 07.11 에어서울 취항(김포-제주 노선)
  - 07.01 인천-삿포로 신규 취항
  - 05.20 누적 탑승객 3억명 달성
  - 04.29 아시아나항공-에어부산-에어서울 3사 간 항공안전보안협의회 운영
  - 03.22 국가고객만족도(NCSI) 항공 全 부문 1위 달성
- 2017
  - 12.27 재중 한국 CSR 모범기업상 수상
  - 12.15 교육기부 대상 수상, 교육기부 명예의 전당 헌액
  - 10.25 한국 서비스 품질지수(KS-SQI)항공 부문 1위 수상 (8년 연속)으로 국내 3대 서비스 평가 석권(3년 연속)
  - 10.12 한국산업의 고객만족도(KCSI) 항공서비스부문 1위(4년 연속)
  - 05.14 스타얼라이언스 창립 20주년
  - 04.26 A350 1호기 도입
  - 03.28 국가고객만족도(NCSI) 항공 全 부문 1위
  - 01.24 아시아나클럽 회원 2천만명 돌파
- 2018
  - 08.30 인천-바르셀로나 신규 취항
  - 07.06 제 1회 아시아나항공 오픈 개최
  - 05.01 인천-베네치아 신규 취항
  - 03.27 국가고객만족도(NCSI) 국내항공부문(6년 연속)/국제항공부문(4년 연속) 1위
  - 03.25 부산-다낭 신규 취항
  - 02.17 아시아나항공 창립 30주년
- 2019
  - 07.09 인천-울란바타르 신규 취항
  - 03.19 국가고객만족도(NCSI) 항공 全 부문 1위

4) 경영철학

a. 기업 철학

고객이 원하는 시간과 장소에 가장 안전하고, 빠르고, 쾌적하게 모시는 것

b. 경영 이념

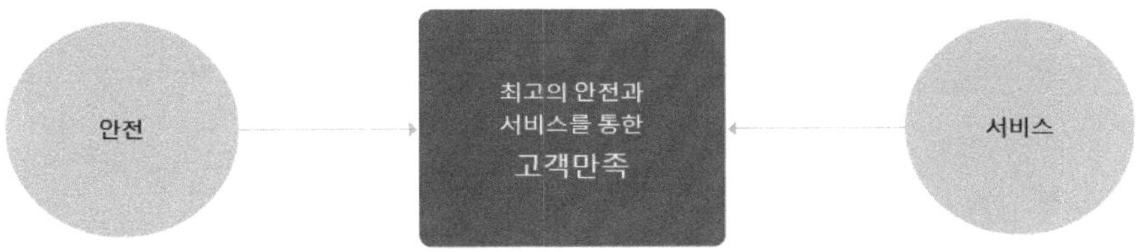

c. 아시아나 서비스 모토

참신한 서비스	최신 기종의 새 비행기와 진부하지 않고 언제나 신선함을 잃지 않는 새로운 마음으로 고객을 모십니다.
정성어린 서비스	눈에 보이지 않는 작은 일 까지도 한국적인 미덕이 몸에서 배어나는 세심한 배려와 친절로 고객을 모십니다.
상냥한 서비스	마음에서 우러나는 밝고 환한 미소와 항상 상냥한 모습으로 고객을 모십니다.
고급스런 서비스	기내식과 작은 비품, 행동까지도 품격을 생각하는 최고급의 정신으로 고객을 모십니다.

5) 보유항공기

아시아나항공은 현재 총 74대의 항공기를 보유하고 있으며 82대????, 현재 세계 최대 항공 동맹체인 스타 얼라이언스의 회원 항공사로 국내선 14개 노선과 국제선 85개 노선을 비롯해 화물 노선을 23개 노선을 정기적으로 운항하고 있다.

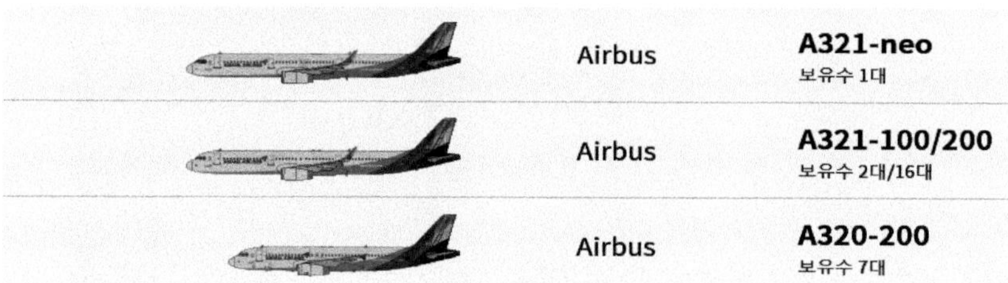

6) 주요사업소개

아시아나항공은 항공운수 사업뿐만 아니라 토목, 건축, 설비, 전기, 통신, 로고상품판매, 관광, 호텔, 교육, 기내식, 제조 판매, 전자상거래, E-business 등 다양한 영역에서 사업을 펼치고 있다.

7) 유니폼 및 모델

a. 유니폼

아시아나항공 승무원의 유니폼은 국내 유명 디자이너인 진태옥 여사가 디자인한 것으로 웜그레이톤의 색깔로 안정적이고 편안한 느낌을 고객에게 주고 있다. 또한, 스커트와 쟈켓만이 아니라 바지형태의 유니폼도 있어서 승무원들에게도 활동성을 주고 있다. 아시아나항공 유니폼의 두드러지는 특징 중 하나는 모자라고 할 수 있으며, 이 모자의 경우는 기내에서 근무 중에는 착용하지 않고, 공항 내 이동시와 램프 내 이동시 등 외부에서 착용하게 하며, 기내에서는 웰컴 인사를 할 때에 착용하게 하고 있다.

예전의 색동 디자인에서 벗어나 좀더 우아하고 따뜻한 느낌을 주고 있는 유니폼으로 해외에서 다양한 수상경력도 있다.

여기서, 색동이 가지고 있는 의미를 한 번 짚어보면, 다음과 같다.

- **적색** - 정성을 다하는 서비스
- **황색** - 발랄함과 산뜻함으로 제공하는 참신한 서비스
- **청색** - 안전, 정시운항을 약속하는 의미

현재도 스카프에서 색동색깔을 사용해서 그 의미를 담고 있다.

b. 아시아나항공의 모델

아시아나항공의 모델은 1세대 정다희로 시작해서 박주미, 신혜란, 한가인, 이보영, 박채경, 유하나, 고원희에 이어 현재 2018년 4월부터 배우 이수민이 모델을 하고 있다.

8) 클라스별 안내

a. 퍼스트 스위트

b. 비즈니스 스마티움

c. 비즈니스

d. 이코노미 스마티움

e. 이코노미

f. 비즈니스 스위트 개편

아시아나항공은 2019년 9월 1일부터 퍼스트클래스 서비스를 중단하고, 비즈니스 스위트(Business Suite)서비스로 변경하기로 결정하였다.

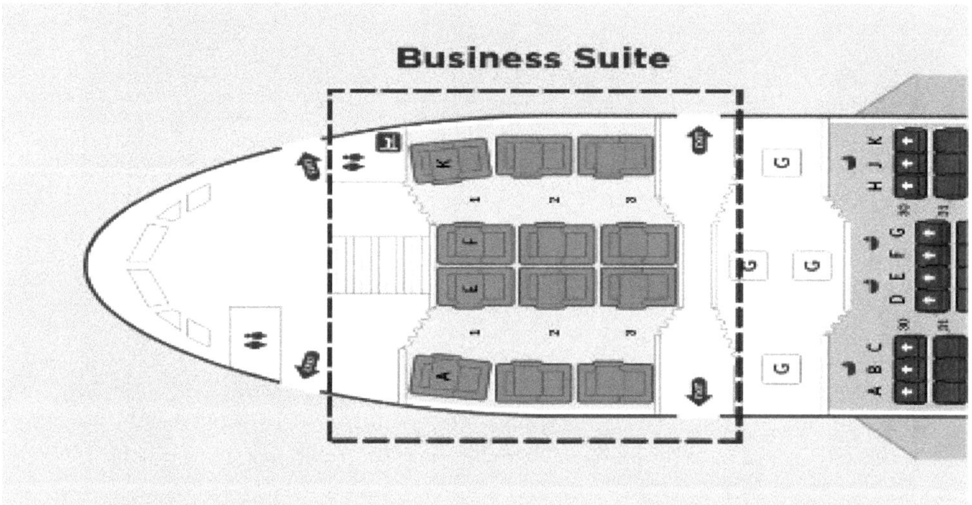

〈비즈니스 스위트(Businenn Suite)〉

적용 클래스	A380 운영 장거리 노선 J 클래스 한정	
적용 좌석	기존 퍼스트 스위트 클래스로 운영된 독립된 공간이 있는 12석	기본 퍼스트 스위트 좌석을 사위 비즈니스 클래스 가격으로 이용
라운지	인천공항 퍼스트 클래스 라운지	
기타 서비스	현재 비즈니스 클래스와 동일 서비스 제공	(기내식, 기용품, 무료위탁 수하물, 마일리지 적립 등)

10) 스타얼라이언스

아시아나항공은 1997년 최초로 설립된 항공 동맹체에 가입하여 공동운항을 실시하고 있으며 스타얼라이언스 항공편을 탑승할 때 마일리지 적립 및 마일리지 항공권 이용도 가능하다.

스타얼라이언스는 공동운항을 통해 189개국, 1,290여 곳의 목적지로 취항하고 있으며 항공 동맹체 회원국의 보유항공기 수는 전체 4363대이다. 공동운항으로 동맹체 가입 회원 항공사간의 비용절감을 이루기도 하고 자신의 항공사가 실제로 취항하지 않은 노선까지 영역을 확장할 수 있어서 회원국 항공사간에 서로 이익을 꾀하고 있다.

현재 스타얼라이언스 가입 항공사는 에게안항공, 에어캐나다. 에어인디아. 아비앙카항공, 에바항공, 에어차이나, 코파항공, 에티오피아항공, 아드리아항공, 루프트한자항공, 폴란드항공, 스위스국제항공, 이집트에어, 전일본공수, 에어뉴질랜드, 아비앙카 인 브라질항공, 오스트리아항공, 크로아티아항공, 아시아나항공, 남아프리카항공, 스칸디나비아항공, 브뤼셀항공, 싱가폴항공, 타이항공, 터키항공, 탑포르투갈, 유나이티드항공, 심천항공이 있다.

11) 기내식 및 음료서비스

a. 궁중정찬 사전주문 서비스

궁중음식 연구원과 함께 아시아나항공기내식팀은 영양학적 균형뿐만 아니라 아름다운 색의 조화로 갖춘 궁중정찬을 서울 출발 미주노선, 유럽노선에서 이용할 수 있도록 항공기 출발 24시간 전에 요청하여 신청이 가능하다.

b. 최상급 재료와 고급스러운 식사서비스

한식메뉴 외에도 품격있는 서양식 메뉴로 특선요리를 장거리구간에서 계절별로 다양하게 신선한 요리를 제공한다.

c. ITCA(국제기내식협회)주관 '머큐리상'수상 경력의 〈영양쌈밥〉

맛과 건강을 동시에 충족시키는 건강 웰빙식으로 신선하고 다양한 쌈야채와 여러 가지 견과류가 들어간 쌈짱으로 맛을 더한 쌈밥한상차림이 서울 출발 장거리 노선에서 제공되고 있으며, 만족도가 매우 높아 한국인을 비롯하여 외국인 손님들에게도 인기 만점인 메뉴이다.

d. 한식 세계화에 앞정서는 '포두부 보쌈'

대중적인 음식이 보쌈을 훈연과정을 통해 돼지고기 특유의 냄새응 없애고, 기내식에 도입하였다. 또한, 두부를 얇게 압착하여 신선한 각종 채소와 함께 싸먹을 수 있는 메뉴로 서울 출발 장거리 노선에서 제공하고 있다.

e. 따뜻하고 트렌디한 기내식 "Tavel Meal ; 트레블 밀"

2016년 7월 이후부터 중국, 일본, 아시나 일부 노선에서 다양한 메뉴의 따뜻한 간편식 메뉴인 트래블 밀을 제공하고 있다.

f. 세계 TOP소믈리에가 선정한 와인서비스

세계 소믈리에 챔피언, 독일 소믈리에 챔피언, 유럽 소믈리에 챔피언을 비롯한 국제 소믈리에 심사위원 등의 세계 Top 소믈리에들이 직접 선정한 기내식과 잘 어울리는 다양한 와인들을 서비스 하고 있다. 최고급 샴페인을 비롯하여 다양한 레드, 화이트, 디저트 와인까지 기내식 코스별로 음식과 어울리는 다양한 와인을 선택하여 제공받을 수 있다. 와인 이외에도 위스키, 진, 보드카, 꼬냑 등의 다양한 주류와 칵테일, 세계 맥주등이 준비되어 있다.

g. RA(Rainforest Alliance 열대우림동맹) 인증 친환경 커피

RA(Rainforest Alliance 열대우림동맹) 인증을 받은 친환경농법에 의해 재배되고 농약사용을 지양하는 친환경 커피를 제공하고 있다..

h. 고품격 차(TEA) 서비스

고급스러운 Wooden Tea Box에 다양하 TEA 를 구성하여 품격높은 TEA 서비스를 제공하고 있다. 녹차와 홍차를 비롯하여 카모마일, 자스민, 피치, 얼그레이, 잉글리시 브렉퍼스트 등 다양한 차 종류를 준비하여 제공한다.

회교도식 (Moslem Meal)	• 회교율법에 따라 준비되는 음식으로 돼지고기 및 알콜류을 전혀 사용하지 않는 식사
힌두식 (Hindu Meal)	• 쇠고기와 돼지고기를 사용하지 않는 힌두교의 관례, 힌두의 식사법, 믿음에 따라 준비된 식사
유대교식 (Kosher Meal)	• 유대교 율법에 따라 고유의 전통 의식을 치른 후 만들어진 식사로 완제품으로 서비스 되며 손님께 반드시 개봉전 확인 후 오픈이 가능하다.
자이나교도식 채식 (Vegetarian Jain Meal)	• 인도 스타일의 자이나교 관례를 따라 과일과 채소, 두부 등을 사용해 준비하는 식사
아시아/힌두식 채식 (Asian/Hindu Vegetarian Meal)	• 유제품을 제한적으로 사용한 조미된 채식주의자 식사

순수 채식 (Vegan Vegetarian Meal)	• 육류 뿐 아니라 유제품, 달걀, 꿀 등을 사용하지 않은 엄격한 채소 식사
유제품을 곁들인 채식 (Vegetarian Lacto-ovo Meal)	• 육류, 생선류 등은 사용하지 않으며 계란, 유제품은 허용하여 만든 식사
동양식 채식 (Vegetarian Oriental Meal)	• 중국 스타일로 준비한 채소 요리로 육류, 가금류, 달걀, 뿌리 또는 구근 채소 및 유제품을 사용하지 않은 식사
과일식 (Fruit Platter Meal)	• 첨가제나 방부제가 없는 과일로 구성된 식사
생채소식 (Raw Vegetarian Meal)	• 채소식 중에서도 조리하지 않은 생채소와 생과일을 제공하는 식사
연식 (Bland Meal)	• 소화기 질환이 있거나 위 계통의 수술 후 먹을 수 있는 가벼운 식사로 저지방음식(지방이 적은 고기, 닭고기)과 위에 부담이 적은 섬유질, 부드러운 양념을 사용한 식사
당뇨식 (Diabetic Meal)	• 당뇨병이 있거나 포도당 알러지가 있는 고객을 위한 식사로 완전 소맥분의 빵, 곡물, 신선한 과일, 채소를 사용하여 조리하며 설탕과 꿀이 들어있는 음식은 사용하지 않는 식사
저지방/콜레스테롤식 (Low Fat Meal)	• 심장병이나 지방간 등의 질환이 있는 고객을 위한 식사로 신선한 채소, 과일, 시리얼 들 고섬유질 제품을 사용하고 찌거나 삶는 방법으로 제공하는 식사
저열량식 (Low Calorie Meal)	• 비만, 체중과다인 고객을 위한 식사로 저지방고기, 유제품을 사용하며 신선한 과일, 채소, 시리얼 등 고섬유질 음식을 사용한 식사
저염식 (Low Sodium Meal)	• 고혈압, 간질환, 신장병이 있는 고객을 위한 식사로 소금, 고기육수, 가공스프, 케찹 등의 향신료를 피하고 신선한 과일, 채소, 저염 음식재료를 사용하여 조리하는 식사
유당 제한식 (No Lactose Meal)	• 유당 알러지가 있는 고객을 위한 식사로 두유, 코코넛 우유를 사용하고 신선한 과일, 채소, 고기, 가금류를 사용하여 조리한 식사
글루텐 제한식 (Gluten- Free Meal)	• 글루텐에 대한 장 질환이 있거나 밀(소맥분)에 알러지가 있는 고객들을 위한 식사로 밀이 아닌 감자, 쌀, 콩 등에서 만들어진 전분을 사용하며 채소, 과일, 계란, 고기, 생선 등을 사용하여 조리한 식사

해산물식 (Seafood Meal)	• 해산물을 선호하는 고객을 위한 식사
유아식 (Baby Meal)	• 2세미만 영유아를 위한 서비스로 유아식이 제공된다.
유아식 (Toddler Meal)	• 서울 출발편에 한해, 2세미만 영유아에게 영양가있는 진밥 메뉴가 제공되며 일부 단거리 구간의 경우 간단한 영유아용 간식이 제공된다.
유아용 어린이식 (Child Meal For Infant)	• 어린이식 취식이 가능한 2세 미만 영유아를 위한 식사로 준비된 어린이식 기본메뉴
어린이식 (Child Meal)	• 12세 이하의 어린이 손님을 위한 서비스로 서울 출발편에서는 총 4가지 메뉴(떡갈비와 맛밥, 치킨너겟과 새우볶음밥, 오므라이스와 소시지, 미트볼과 파스타) 중 한 가지를 선택할 수 있으며, 일부 단거리 구간은 샌드위치 1종만 제공된다. 부산발 및 해외 출발편에서는 준비된 어린이식 기본 메뉴가 제공된다.

I. 특별기내식

아시아나 항공은 대한항공과 마찬가지로 IATA의 기준에 맞춰 종교적인 이유, 의학적인 이유, 연령 및 개인적 이유등으로 일반식을 드시지 못하는 고객들에게 특별 기내식을 제공하고 있다. 특별기내식은 기내식 제공 구간에서만 신청이 가능하며, 항공기 출발 24시간 전까지 주문이 가능하다.

아름다운 나눔	자선적 책임 / 순수기부 / 나눔 문화 확산
아름다운 교실	아동/청소년 지원 / 자유학기제 지원 / 교육기부
아름다운 환경	친환경 경영 / 환경보호 / ECO Flight
아름다운 문화	문화예술 지원 / 문화재 보존 / 메세나 기업

12) 사회공헌활동

a. 사회공헌 4대 테마별 활동

아시아나항공은 임직원 자원봉사, 모금 및 물품 기부를 통해 4가지 테마별로 체계적이고 전략적으로 사회공헌 활동을 실천하고 있다.

b. 사회공헌 기본원칙

- 소외계층 밍 지역발전을 위한 적극적인 사회적 책임 이행
- 항공업 이미지에 맞는 사회공헌 추진

c. 사회공헌 기본철학

- 아름다운 기업이란, 지탄을 받지 않고 약속한 바를 꼭 지키며, 건실하고 신뢰받는 기업, 사회적 책임과 기업으로서의 역할을 다하고 사회에 공헌하는 기업
- 아름다운 기업으로써 실천과제 이행: 나눔, 환경, 교실, 문화 4대 테마를 주축으로 하여 지역사회 소외계층을 위한 적극적인 사회문제해결 동참한다.

13) 인재상

a. 아시아나 인재상

성실하고 부지런한 사람

정직하고 근면하며, 조직과 자신의 발전을 위해 매사에 꾸준히 노력하고, 행동이 빠른 사람

연구하고 공부하는 사람

조직과 자신의 발전을 위해 매사 깊이 생각하고 연구하며 공부함으로써 개선과 변화를 추진하는 사람

진지하고 적극적인 사람

책임감과 진지한 자세로 조직과 자신의 발전을 위해 매사에 솔선수범하며 열정적으로 목적한 바를 끝까지 추진하는 사람

일반직	정비직	캐빈서비스직	운항직	운항관리직
부장	수석기술감독	수석사무장	기장	선임운항관리감독
차장	선임기술감독	선임사무장	부기장	운항관리감독
과장	기술감독	사무장	수습부기장	선임운항관리사
대리	선임기술사	부사무장		운항관리
사원	기술사	승무원		

b. 아시아나 서비스 모토

참신한 서비스

최신 기종의 새 비행기와 진부하지 않고 언제나 신선함을 잃지 않는 새로운 마음가짐으로 고객을 모신다.

정성어린 서비스

눈에 보이지 않는 작은 일까지도 한국적인 미덕과 몸에서 배어나는 세심한 배려와 친절로 고객을 모신다.

상냥한 서비스

마음에서 우러나는 밝고 환한 미소와 항상 상냥한 모습으로 고객을 모신다.

고급스런 서비스

기내식과 작은 비품, 행동까지도 품격을 생각하는 최고급의 정신으로 고객을 모신다.

c. 직급 체계

아시아나항공의 집종은 업무특성에 따라 일반직, 정비직, 캐빈서비스직, 운항직, 운항관리직으로 나뉘며 직무 전문성 및 역량 강화를 위해 직종별 직급체계를 운영합니다.

일반직	정비직	캐빈서비스직	운항직	운항관리직
부장	수석기술감독	수석사무장	기장	선임운항관리감독
차장	선임기술감독	선임사무장	부기장	운항관리감독
과장	기술감독	사무장	수습부기장	선임운항관리사
대리	선임기술사	부사무장		운항관리
사원	기술사	승무원		

14) 채용 조건 및 절차

a. 채용 절차

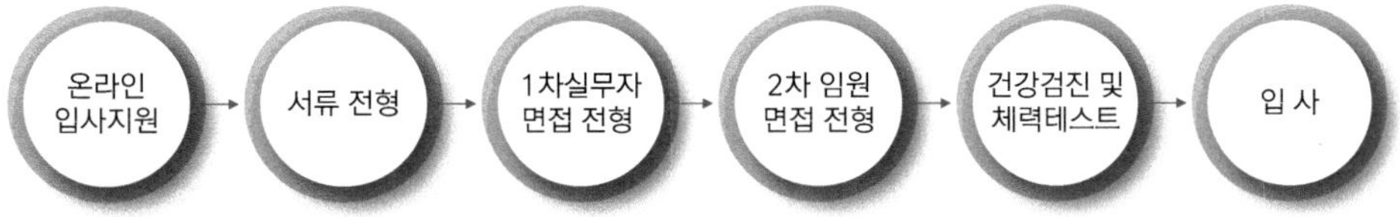

1차는 실무자 면접으로 서울이외에도 부산, 광주 등의 지역에서도 이루어진다.

2차는 입원면접인데 이때 native speakerf를 면접관으로 하여 어학테스트가 이루어지며 이때 인성검사도 동시에 이루어진다. 단, 회사 사정에 따라 전형일정 및 전형순서가 달라질 수 있다.
토익스피킹 레벨 5, OPIc Intermidiate등급, ESPT(영어회화능력시험) 700점 이상인 지원자는 어학테스트가 면제된다.

체력테스트 - 배근력, 악력, 윗몸일으키기, 유연성테스트, 자유형 25m 완영

b. Q & A

경력사항은 인정이 되나요?

- 캐빈서비스 직무와 관련된 지원자들의 여러 가지 경력사항이 전형과정에서 경력으로 인정되어 참고가능하다. 이때 경력사항은 반드시 서면으로 증빙이 가능해야 한다. 국제선 캐빈 승무원 경력직 공채의 경우 국제선 캐빈승무원으로 비행탑승경력이 1년 이상이어야 한다.

캐빈승무원에 지원하기 위해서 항공 관련 학과 전공이 필요한가요?

- 캐빈승무원 지원자격에 전공제한은 따로 없습니다. 실제로도 다양한 전공의 지원자

들이 지원하고 있으며, 전공보다 항공사 승무원에게 필요한 서비스 마인드과 건강, 긍정적인 자세가 더욱 중요하다.

과거에 지원해서 탈락한 적이 있는데, 다시 지원하면 불이익이 있나요?

- 과거 전형에 지원 후 불합격했다고 해서 이번 전형에 불이익은 없습니다.

공인 영어 성적표 제출시 인터넷으로 출력한 것도 제출가능한가요?

- 인터넷 출력본 혹은 자택에서 바은 우편수령 원본도 제출가능합니다. 입사지원서/ 공인영어성적표/ 학교관련 서류 등은 1차 실무자면접 합격자에 한하여 2차 입원면접시 지참하시어 제출하면 됩니다. 단, 입사지원서 기재시 토익의 경우 발급번호와 수험번호를 바르게 기입하셔야 하며, 지텔프의 경우 발급번호를 바르게 기입하셔야 합니다. 인사팀에서는 지원자들이 기재하신 공인영어성적점수를 관련기관에 의뢰하여 원본대조를 실시하고 있습니다.

지원시 등록이 안되는 자격증은 따로 추가할 수 있나요?

- 자격증은 기존에 검색이 되는 자격증으로 등록이 한정되어 있습니다. 검색이 되어지지 않는 자격증은 따로 등록할 수 없습니다.

민간 자격증 인증에 대해 궁금합니다.

- 전형의 당락에 크게 영향을 미치지 않는 자격증의 경우는 기입을 따로 하고 있지 않습니다. 검색란에 뜨지 않는 자격증은 당락에 크게 영향을 주지 않는 것으로 판단하시어 별도로 기입할 필요가 없습니다.

해외대학졸업자도 영어점수가 필요한가요?

- 해외대학졸업, 해외국적과 관계없이 캐빈승무원 인턴 채용 지원시 국내에서 취득한 공인 영어 점수가 필요합니다. 다시 말해, 토익점수가 없으면 지원이 불가능합니다.

Chapter 07

국내 저비용 항공사

01 제주항공

1) 회사소개

제주항공은 2005년 설립된 이후 매우 빠른 속도로 성장하고 있는 대한민국 대표 항공사이다. 더 넓은 하늘을 향한 도전으로 더 많은 사람들과 행복한 여행의 경험을 나누는 항공사라는 미션을 가지고, 기존의 항공사들과는 다르게 획일적인 서비스보다는 소비자가 선택할 수 있는 서비스로 보다 고객 지향적인 혁신을 계속하고 있다.

제주항공은 항공여행 대중화를 위해 노력하며 김포- 제주 노선을 비롯해서 다양한 국내선, 일본, 중국, 대만, 필리핀, 태국, 베트남, 대양주노선(괌, 사이판)등 아시아 주요 도시 75개 이상의 노선을 운항하고 있다.

약 3300여명의 임직원이 근무하고 있으며(2019년 7월 기준) 서울김포공항과 인천국제공항을 주요 거점으로 운항하고 있다.

a. MISSION

더 넓은 하늘을 향한 도전으로

더 많은 사람들과 행복한 여행의 경험을 나눈다

b. CORE VALUE

c. BI 소개

제주항공의 새로운 BI(BRAND IDENTITY)는 창립 10주년을 맞이하여 진취적이고 신뢰감을 주는 항공사 이미지를 추구하여 아시아 최고의 LCC로 발돋움하고자 하는 의지를 제주의 자연을 형상화한 디자인으로 표현했다.

영문로고에 파란색깃발은 고객을 맞이하는 반가움과 환영의 의미를 담고, 제주항공 임직원들에게는 전 세계로 뻗어 나가는 리더십과 대표성을 상징하고 있다. 활기차고 즐거움을 주는 제주의 감귤색인 오렌지 색상을 좀 더 선명하게 변화시켰고, 깃발 형상에 포인트 블루 컬러를 추가하여 안전함과 신뢰감을 더하였으며, 오렌지 컬러와 조화를 통해 FRESH함을 강조하였다.

JEJUair

3) 취항 노선

제주항공은 43개 도시 72개 노선에 취항하고 있다.

4) 항공기 소개

제주항공은 B737-800기종을 사용하고 있으며, 186석 또는 189석으로 평균 좌석 간격은 32인치이고 좌석 넓이는 19-20인치이다.

5) 수상 내역

- 2018년 국가산업대상 경영혁신부문
- 2018년 한국소비자평가 최고의 브랜드 항공사부문
- 2018년 고객감동경영대상 4년 연속 수상
- 2013~2017년 대한민국 공감받는 브랜드 저비용항공사부문 1위 5년
- 2017,2015년 대한민국 고용친화 모범경영대상
- 2015년 대한민국 소비자 대상 저비용항공 부문
- 2015-2016년 한국산업의 브랜드파워 저비용항공부문 2년 연속
- 2016-2016년 대한민국 경영대상 지속가능 경영대상 2년 연속
- IATA IOSA 11th Edition 인증획득
- 2017년 고객감동 브랜드 지수 저비용항공사 부분 1위
- 2016년 대한민국 베스트셀링 브랜드 브랜드 아이덴티티 디자인부문
- 2016년 대한민국 SNS 산업대상 한국 콘텐츠진흥원장상
- 2016년 소비자평가 No.1 브랜드 대상 저비용항공사 부분
- 2016년 올해의 소비자공감 브랜드 대상
- 2015-2017년 대한민국 사회공헌기업 대상 3년 연속수상

6) 윤리 경영 소개

a. 회사의 경영 이념

- 안전 – 저비용 – 도전 – 팀워크 – 신뢰

b. 윤리헌장

- 회사가 추구하는 '기업이념'과 이에 따라 경영진이 설정한 '경영가치체계'를 공유하고 상장기업으로서 의무와 책임을 다한다.

- 고객의 만족과 안전을 최우선 가치로 삼고 고객 및 이해 관계자로부터 신뢰를 확보한다.
- 자유경쟁원칙을 존중하고 국가와 사회의 건전한 발전 및 환경 보전에 적극 동참한다.
- 애경인으로서의 긍지와 자부심을 가지고 협력업체와 상호 신뢰에 기한 상생의 관계를 유지한다. 투자자의 권리를 보호하고 투자자의 이익을 위해 노력한다. 모든 임직원이 지켜야 할 올바른 가치판단의 기준와 행동의 원칙이 되는 윤리규범을 제정하고 적극 실천할 것을 다짐한다.

7) 사회공헌

제주항공은 '더 넓은 하늘을 향한 도전으로, 더 많은 사람들과 행복한 여행의 경험을 나눈다'라는 mission을 바탕으로 지자체 및 공공기관, 비영리 단체와 함께 소외계층을 위한 지속적인 사회공헌활동을 적극 전개하고 있다.

동남아 다문화가정 고향방문, 저소득 한부모 가족 힐링 여행 지원, 해외 의료봉사, SOS 어린이마을 행복나눔 느영나영봉사활동 및 노인종합복지관 봉사활동 등 국내외 지역사회에 희망과 꿈을 지원하고 있다.

8) JJ여정 클럽

제주항공은 유투브 채널을 이용하여 'JJ 여정 클럽'이라는 채널을 유지하여 소비자가 더욱 더 가깝고 친근하게 느낄 수 있도록 하였으며, 채널영상을 통해 승무원 면접을 비롯, 각종 비행 정보, 맛집 소개 등등 재미있는 소재를 다루고 있다. 'JJ여정 클럽'은 고객들의 매우 긍정적인 반응을 가져왔으며 시즌을 계속 이어가며 제주항공 홍보에 아주 큰 역할을 하고 있다고 볼 수 있다.

9) 채용 절차 및 정보

a. 경영 가치

제주항공의 5가지 핵심가치인 안전, 팀워크, 도전, 저비용, 신뢰를 바탕으로 'NEW STANDARD'라는 제주항공의 경영철학과 '사랑과 존경' 이라는 애경그룹의 경영철학을 달성하고자 한다. 뿐만 아니라, 직원들의 핵심가치 내재화를 위한 경영전략으로 '행복경영', '독서경영', '감사경영', '칭찬경영'을 내세우고 있다.

b. 핵심 가치

제주항공은 신선하고 참신한 서비스화 부담없고 합리적인 가격, 안전하고 즐거운 비행으로 고객과의 약속을 지키겠다는 신념으로 안전, 팀워크, 도전, 저비용, 신뢰의 핵심가치를 실현하고자 최선을 노력을 다하고 있다.

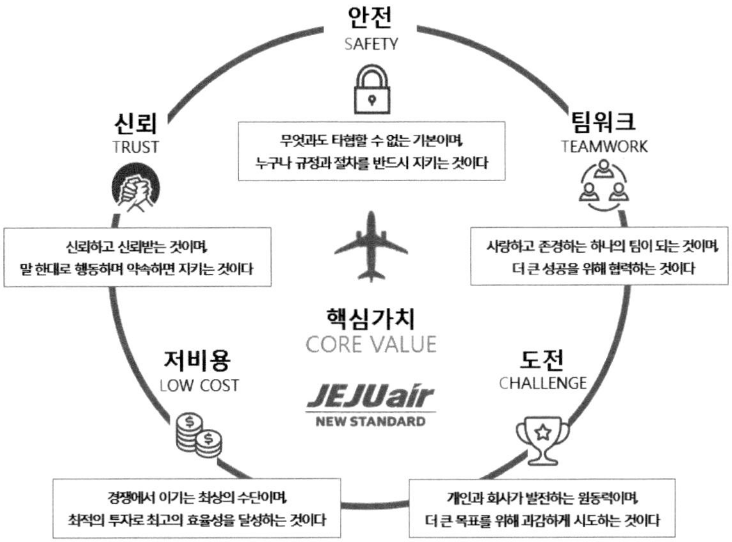

c. 채용 조건

제주항공의 일반적인 채용 조건은 여타 다른 국내 항공사와 비슷하나, 제주항공은 안경 착용 허용, 바지유니폼의 자율적 착용, 자유로운 헤어스타일 연출 등으로 수많은 지원자들의 많은 사랑을 받고 있으며 이는 합리적인 가격과 비행이라는 회사의 핵심가치를 경영 및 인사 채용에 있어서도 실제로 적용하고 있음을 보여준다.

참신하고 매출 및 경영실적등 모든 면에서 우수한 성적을 보이고 있는 제주항공은 앞으로 입사를 희망하는 구인자들이라면 반드시 눈여겨 봐야할 항공사임이 분명하다. 아직까지도 국내항공사입사를 희망하는 학생들에게 본인이 희망하는 항공사를 물어보면 대한항공과 아시아나항공을 말하는 학생들이 많은 비중을 차지하고 있으나, 세계 속의 저비용항공사의 시장점유율은 매우 주목할 만한 수준이며 이제 더 이상 국내 기존 항공사를 뒤쫓아가는 항공사가 아닌 항공업계를 선도하는 항공사라고 할 수 있다. 항공업계도 과거와는 너무나 많이 달라진 상황이며 앞으로도 제주항공을 비롯한 저비용항공사의 발전가능성은 실로 무궁무진하다고 볼 수 있다.

★ '국민체력100' 인증서 서류전형 우대(2019.08이후)

2019년 8월부로 제주항공은 평소 체력관리 되어 있는 신체 건강한 신규입사자를 모집하기 위하여, 국가 공인기관인 국민체육진흥공단과의 업무협약을 체결하고 체력 우수자에게는 서류전형 우대 혜택도 주어질 예정이다.

02 진에어

1) 회사 소개

진에어는 2008년 1월 법인을 설립한 이후로 지금까지 꾸준한 성장하고 있으며, 100% 대한항공이 출자하여 설립한 대한항공의 자회사이다. 진에서는 기존의 다른 항공사들의 유니폼에서 벗어나 청바지, 블랙진 등의 캐쥬얼한 디자인을 도입하여 소비자들에게 참신하고 젊은 이미지를 심어주고 있다.

"Fly, better fly"

핵심적인 서비스를 세련된 감각으로 강화하고, 불필요한 서비스는 과감하게 버리고 복잡한 수속이나 규정은 심플하게 변경하고, 열정과 혁신으로 철저한 비용절감을 통해 매우 합리적이고 경쟁력있는 항공요금을 제공하는 것을 목표로 한다.

a. VISION

"아시아 대표 실용항공사"

즐거운 여행의 시작과 끝,

더 나은 여행을 위한 가장 스마트한 선택

b. MISSION

- 합리적인 소비자가 선택하는 '스마트 & 실용 항공사'
- 다양하고 차별화된 서비스와 즐거움을 제공하는 딜라이트 항공사
- 글로벌 스탠다드 수준의 안전하고 신뢰가 가는 항공사

c. CI(Corporate Identity)

심벌마크

- 명칭: 나비
- 자유롭게 날아다니는 나비의 형상에 비행기를 결합하여, 한 자리에 머무르지 않고 새롭고 이국적인 곳을 향해 떠나는 여행자의 특성을 상징한다.

로고타입

진에어 CI는 심볼마크와 로고의 조합으로 구성되며, 영문CI를 우선적으로 사용한다. 사용시에는 반드시 관련 규정을 준수해야 한다.

캐릭터

"나라(Nara)" 와 "올라(Olla)"

- 진에어의 캐릭터 나라와 올라는 진에어의 광고, 홍보물, 사은품 및 사회공헌 활동 등 다양한 채널에서 진에어의 슬로건인 "Fly, Better Fly"를 기반으로 한 친근한 이미지와 메시지를 전달하는 역할을 하고 있다.

2) 진에어의 핵심가치

SAFETY	타협없는 절대안전
PRATICALITY	언제나 실용적인
CUSTOMER SERVICE	칭송받는 고객 서비스
DELIGHT	친숙한 기쁨과 행복

3) 진에어의 인재상

5 JINISM>

- **JINIABLE** – 최고의 안전과 실용성을 보장하는 JINI
- **JINIFUL** – 열린 사고로 미래를 지향하는 JINI
- **JINVELY** – 고객으로부터 사랑받고 다시 찾게 되는 JINI
- **JINISH** – 팀워크와 협업을 지향하는 JINI
- **JINIQUE** – 긍정적인 에너지와 개성을 소유한 JINI

4) 항공기 소개

a. B777-200ER

- 총 4대
- 각 393석/ 항공기 길이 63.73m

b. B737-800

- 총 22대
- 각 189석/ 항공기 길이 39.5m

03 에어서울

1) 기업 소개

에어서울은 자본금 175억로 2015년 4월 7일 창립하여 2018년 기준 항공기보유대수는 총 7대이다.

주요사업은 항공운수, 화물운송, 통신판매, 면세 및 토산품 판매, 관광, 기내식 제조판매, 전자상거래, e-usiness등이다. 2018년 11월 기준 일본 13개 노선, 홍콩 ㅂ개 노선, 동남아 4개 노선, 대양주 개 노선의 총 19개 노선을 가지고 있으며, 주요 취항지는 일본의 도쿄, 오사카, 후쿠오카, 시즈오카, 다카마쓰, 히로시마, 요나고, 도야마, 나가사키, 우베, 구마모토, 오키나오, 사포로와 홍콩, 괌이 있으며 이외에 동남아 노선으로 다낭, 코타키나발루, 씨엠립, 보라카이/칼리보 보선이 있다.

a. 경영이념

"가장 안전하고 고객에게 행복을 주는 으뜸 항공사"

b. 기업철학

"누구나 즐겁게 이용할 수 있는 신뢰받는 항공사"

c. 기업문화

소통하고 배려하는 조화로운 문화

- 서로를 아끼고 존중하는 아름다운 회사
- 고객와 소통하는 열린 회사

변화를 두려워하지 않는 도전적인 문화

- trend를 이해하고 변화를 주도하는 회사
- 끊임없이 연구하여 Market을 리드하는 회사

긍정의 에너지가 넘치는 창의적인 문화

- 젊음과 패기가 넘치는 활기찬 회사
- 창의적인 아이디어를 지향하는 혁신적인 회사

d. 슬로건

It's mint time

2) CI

모던하고 간결한 글꼴의 워드마크는 에어서울의 세련됨과 합리적 서비스를 상징한다. 브랜드컬러인 Air Seoul MINT 는 에어서울의 서비스 가치인 Open, Refresh, Pleasnt를 상징한다.

'ㅅ'은 서울 곳곳에서 만날 수 있는 산의 모습이자 상승의 의미이며 'ㅇ'은 부드럽게 흐르는 강물의 모습이자 편안함을 상징한다. 'ㅅ'와 'ㅇ'의 교차된 형태의 그래픽 모티브는 에어서울의 젊고 역동적인 에너지를 의미한다.

3) 민트스토리

에어서울은 에어서울 승무원들과 다양한 형태의 여행지 소개 및 정보 등을 유투브 채널을 통해 재미있고 신선한 영상을 통해 제공함으로써 소비자들로 하여금 에어서울을 한층 더 가깝게 느낄 수 있도록 하고 있다. 이 또한, 에어서울의 합리적이고 밝은 이미지를 전달한다고 볼 수 있으며 많은 고객들의 좋은 반응을 얻어내고 있다.

04 에어부산

1) 회사 소개

a. 기업 철학

에어 부산은 완벽한 안전, 편리한 서비스, 실용적인 가격으로 최고의 고객가치를 창조시키기 위해 최선의 노력을 다하겠습니다.

b. VISION

업계 최고 1등의 기업 가치를 창출하는 아름다운 기업

c. 경영 이념

완벽한 안전, 편리한 서비스, 실용적인 가격으로 최고의 고객가치 창조

d. 서비스 모토

FLY SMART	
S	SMILE 미소짓는
M	MERRY 유쾌한
A	ACTIVE 적극적인
R	RELIABLE 신뢰를 주는
T	THANKFUL 고객에게 감사하는

2) 연혁

에어서울은 2007년 부산국제항공설립을 그 시작으로 하고 있으며 2008년에 에어부산으로 사명을 변경하였다.

3) CI / 캐릭터

a. CI

에어 부산의 CI는 바다의 물결과 하나되어 힘차게 날갯짓하는 모습의 역동적인 갈매기 심볼로, 부산의 바다, 갈매기, 하늘 3가지를 조합하여 하나의 이미지 요소로 표현하였으며, 부산을 상징하는 갈매기 심볼과 BUSAN이 강조된 워드마크의 조화로 고객의 기대에 부응하는 AIR BUSAN의 글로벌 도약의지와 희망을 표현한다. 또한, 바다와 하늘을 담고 있는 DEEP BLUE컬러는 고객을 향한 에어 부산의 강한 의지와 신념을 나타낸다.

에어부산의 브랜드 이미지를 가장 상징적으로 표현하는 갈매기의 힘찬 날갯짓을 시작화하여 에어부산의 비전을 극대화하였다.

부산의 상징인 갈매기 날개와 파도를 형상화한 디자인으로 에어부산의 힘찬 비상과 유연하고 다양한 가치를 경험하고 소통할 수 있는 flexible wing을 의미한다.

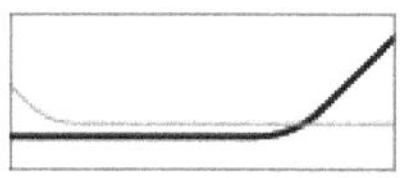

'New leap'라는 컨셉으로 항공기 날개의 형태와 힘찬 비행 궤적을 Modern Line으로 시각화하여 새로운 에어부산의 도약과 성장을 표현하였다.

4) 수상 내역

2009년 고객만족경영대상 서비스혁신부문 최우수상 수상

2010년 대한민국 명품브랜드 대상 수상

2011년한국서비스품질우수기업 인증획득

2011년 '안전우수항공사' 정부 표창

2012년 지식경제부 및 지자체 공동주관 우리지역 일하기 좋은 기업 선정

2012년 AB-BROAD주관 일본 2012년 항공사만족도 종합 5위,저비용 1위

2013년 국토교통부 '2012항공교통서비스 평가' 매우우수등급 획득

2014년 고용노동부 주관 '고용창출 100대 우수기업'선정

2014년 고용노동부 '2013항공교통서비스평가'매우우수 등급 획득

2014년 부산고용대상 대상 수상

2014년 대한민국 교육기부대상, 부산 교육메세나탑 수상

2015년 고용노동부 주관 '고용창출 100대 우수기업'2년연속 수상

2015년 2015일자리창출 유공 대통령 표창

2015년 대한민국 교육기부대상 수상, 부산교육메세나탑 수상(2년연속)

2016년 국토교통부 /'104~15년도 항공교통서비스 평가'종합 A(매우우수)

2016년 한국의 경영대상 사회책임경영 부문 최우수상

2017년 국가 공인 인증기관 웹와치주식회사 엡접근성 인증

2013~2018년 한국능률협회컨설팅주관 KCSI(한국산업의 고객만족도)LCC부문

2013년 한국표준협회 주관 KS-SQI(한국서비스품질지수) 1위

2016~2018년 한국표준협회 주관 KS-SQI(한국서비스품질지수) 3년연속 1위

2019년 '2019한국에서 가장 존경받는 기업'LCC부문 1위 선정(3년연속)

2019년 한국생산성본부주관 국가고객만족도(NCSI)저비용항공서비스업부문1위

5) 항공기

a. AIRBUS 321-200

좌석수 191/195석

총 17대

b. AIRBUS 320-200

좌석수 162석

총 8대

6) 취항노선

a. 국내선

부산, 김포, 제주, 대구, 울산 등

b. 국제선

일본의 도쿄, 오사카, 후쿠오카, 삿포로, 나고야, 기타큐슈와 칭다오, 시안, 옌지, 장자제, 싼야, 홍콩, 마카오, 타이베이, 가오슝을 비롯해 동남아시아 지역의 세부, 씨엠립, 다낭, 비엔티안, 하노이, 코타키나발루, 중앙아시아지역의 울란바토르, 대양주는 괌, 그리고 러시아 블라디보스토크에 취항하고 있다. (11개국 19개 도시, 26개 노선)

7) 에어부산 인재상

a. 고객중심

- 고객을 위해 최선을 다하는 에어부산인

b. 열정

- 열과 성의를 다하는 에어부산인

c. 협동

- 배려하며 솔선수범하는 에어부산인

d. 도전과 창의

- 끊임없이 연구하고 도전하는 에어부산인

05 티웨이항공

1) 기업소개

티웨이항공은 ㈜티웨이항공이라는 법인명을 2010년 8월 16일 설립하였으며 항공기는 총24대를 보유하고 있다. (2018년 11월 기준) 티웨이 항공은 과거 2005년 우리나라 최초의 설립했었던 저비용항공사인 한성항공이 운항 중단 이후 다시 사명을 바꾸어 운항을 재개한 항공사이다.

a. 경영이념

- 함께하는 우리들의 항공사

b. 실행목표

- 첫째도 안전, 둘째도 안전
- 가족같이 편안한 서비스
- 화합하고 배려하는 기업문화

c. 슬로건

- “Happy t,way It’s Yours”

2) 유니폼

티웨이항공의 유니폼은 티웨이항공의 대표색인 ‘레드’를 강조하여 젊고 생동감있는 이미지를 부각하면서 모던함을 강조했으며 치마, 바지, 원피스 등 다양한 스타일로 연출할 수 있게 하여 다양성을 존중했다. 특히나 2018년 5월 이후로 각자의 개성을 존중하는 의미로 국적항공사 최초로 객실승무원의 헤어스타일 규정을 없앴다.

3) 항공기

티웨이 항공은 B737-800 단일기종으로 총 24대를 보유하고 있으며 국내선 이외에도 다양한 동북, 동남 아시아지역이외에 대양주노선까지 다양한 지역으로 취항하고 있다. 11개국, 25개 도시, 37개 노선취항

06 이스타항공

1) 회사 소개

이스타 항공은 2007년 10월 설립하였으며 최종구 대표이사가 경영하고 있으며 모든 부문을 아웃소싱을 하여 운영함으로써 비용을 절감하고 그만큼 낮은 가격으로 항권을 판매하고 있는 것으로 알려져 있다.

a. VISION

- "항공여행의 대중화를 선도하고 사회공익에 기여하는 글로벌 항공사"

b. 미션

- 행복주고 사랑받는 국민항공사
- 짜릿한 가격으로 추억을 선사하는 서비스
- 안전을 기반으로 하는 기업문화

c. 핵심가치

- 비행안전/ 고객감동/ 저비용

d. 경영이념

- 고객과 함께한다. 최고를 추구한다. 새로움을 추구한다.

2) CI

EASTAR JET
이스타항공

빨강색은 에너지와 강한 힘, 도전과 열정, 진취성과 역동성을 상징하고 있을뿐 아니라 별(STAR)과 동양(EAST)을 상징하는 대표색이다. 한/중/일 삼국이 모두 선호하는 빨강색을 선호하며 행운의 색상으로 여기고 있는 것에서 가져왔으며 이 CI의 레드는 약간 진한 crimson red를 사용하여 고급스러운 세련미를 표현하고 있다.

3) 항공기 및 취항노선

이스타항공은 B737-800, B737-900, B737-MAX8기종을 주기종으로 보유하고 있으며 총 13대의 항공기를 보유하고 있으며 8개국 21개도시에 25개 노선을 취항하고 있다.

Chapter 08

국내 대형 항공사 기출문제 연습

대한항공

1. 대한항공의 지원동기

2. 대한항공의 서비스에 대해 아는 대로 말해 보세요.

3. 대한항공과 다른 경쟁사와의 차이점은?

4. 대한항공이 당신을 뽑아야 하는 이유 3가지를 말하시오.

5. 대한항공의 유니폼에 대해 설명해 보시오.

6. 대한항공의 광고에 대해 말해 보시오.

7. 가장 가보고 싶은 나라와 이유는?

8. 고객의 입장에서 받고 싶은 서비스는 무엇인가

9. 대한항공 취항노선을 말해보시오.

10. 우리 회사에 대해 아는대로 말해 보세요..

11.윗사람과 잘 지내는 편인가요?

12. 면접준비는 어떻게 했나요?

13. 본인 자랑해보세요

14. 입사하면 언제까지 일하고 싶나요?

15. 별명이 있나요?

16. 최근에 읽은 책이 있나요?

17. 추천하고 싶은 기내식 메뉴가 있다면?

18. 인생에서 장 큰 배움을 준 경험이 있나요?

19. 자신의 성격을 한 단어로 표현해 보세요.

20. 자신의 별명은 무엇인가요?

21. 소통이란 무엇일까요?

22.지금 가장 생각나는 친구에 대해 말해 보세요.

23. 존경하는 인물은?

24. 포기하지 않고 이루어낸 성과가 무엇인지 말해보세요.

아시아나항공

1. 아시아나 항공 승무원 하면 떠오르는 이미지는?

2. 다른 항공사도 많은데 왜 아시아나 항공을 지원했는가?

3. 승무원이 되기 위해 본인이 노력했던 점은 무엇입니까?

4. 면접을 준비하면서 가장 중점을 두었던 사항은 무엇인가?

5. 현재 아시아나 공채 진행과정이나 질문 중 바꿨으면 하는 것은?

6. 본인이 카피라이터가 되어서 아시아나 항공의 카피문구 한 문장을 만들고 설명해 보시오.

7. 헬리콥터자녀가 무엇인지 아나요? 본인이 독립적으로 해냈던 일은 말해 보시오.

8. 요즘 젊은이들이 잘 모르는 한국의 고유명절에 대해 설명해 보시오.

9. 아시아나 항공에 몇 종류의 항공기가 있나?

10. 아직 사회에 남녀 불평등적 요소들이 남아있는데 왜 그렇다고 생각하는지 개선방안에 대해 말해보시오.

11. 요즘 인터넷 사용을 많이 하는데 본인이 많이 사용하는 싸이트는? 앱은?

12. 최근에 항공사 이용한적 있는가? 어느 항공사였나? 승무원에게 받았던 느낌과 생각을 말해 보시오.

13. 아시아나항공과 자신의 에피소드가 있다면 말씀해 주세요.

14. 자신이 가진 장점으로 아시아나항공에 어떠한 기여를 할 수 있나요?

15. 지금 회사 모델의 이미지가 어떤가요?

16. 아시아나항공의 기존 모델들과 새로운 모델들의 차이점은?

17. 아시아나 항공에 대해 "자신이" "자신만이" 아는 것이 있다면? (꼬리질문다수)

18. 요즘 유명한 배우나 좋아하는 연예인 중 아시아나에 어울릴만한 연예인을 추천한다면? 그 이유는 무엇인가?

19. 자신을 20자 내외로 표현해 보세요.

20. 모범적인 삶과 모험적인 삶 중 어떤 면이 자신과 더 가깝습니까? 그 이유는 무엇입니까?

21. 자신의 이름 뜻을 말해보세요.

22. 가훈은 무엇인가요?

23. 본인의 좌우명을 말해보세요.

24. 대학 전공 선택 이유는 무엇인가?

25. 본인 인생에서 가장 소중한 경험은 무엇인가요?

26. 본인은 부모님에게 어떠한 딸인가요?

27. 중국어로 오늘의 날씨, 기분, 가훈을 설명해 보세요.

28. 본인이 생각하는 주인의식이란 무엇인가?

29. 형제애를 느꼈던 순간이 있나요?

30. 서비스 정신이란 무엇인가요?

31. 면접에 떨어진 경험이 있는데 그에 대한 트라우마는 없었나요?

32. 아시아나 A380에 대해 아는 것을 말해 보세요.

33. 지금 생각나는 한자성어는 무엇입니까?

34. 면접이 끝나면 무엇을 할 것인가요?

35. 아시아나 브랜드 이미지는 무엇인가요?

36. 인생에 있어서 부모님이나 선생님, 친구, 동료로부터 어떠한 영향을 받았습니까?

37. 자신을 나타내는 3가지 특성은 무엇인가요? 그 중 가장 큰 특성은?

38. 본인에게 형제 자매란 어떤 존재인가?

39. 대학 때 보람있었던 일 또는 살면서 부모님을 기쁘게 해드린 일은?

40. 상대방의 기분을 파악하는 방법은?

41. 경청이란? 경청의 자세란?

42. 옆 지원자를 칭찬해 보세요.

43. 커뮤니케이션에서 중요한 게 무엇인가요?

44. 봉사경험이 있나요?

45. 10년 뒤 어떤 승무원이 될 것인가?

46. 아시아나항공의 부족한 점? 아쉽다고 생각되는 점이 있다면 말해 보세요.

47. 독도와 센카쿠 열도의 차이점은 무엇인가요?

48. 아시아나항공이 당신을 뽑아야 하는 이유는?

Chapter 09

국내 저비용 항공사 기출문제 연습

에어 부산

1. (타지역거주자한테) 부산베이스 근무인데 괜찮나요??

2. 영어 기내방송문을 읽어 보세요.

3. 자기소개를 간단히 해보세요.

4. 지원동기가 무엇인가요?

5. 제 2외국어 자격증을 소지하고 있습니까?

6. 에어부산 유니폼에 대해 어떻게 생각하나요?

7. 에어부산 이외에 다른 항공사에 지원해 본 적 있나요?

8. 진에어와 에어부산의 차이점에 대해 말해 보세요.

9. 에어부산의 제 1덕목은 무엇이라고 생각하나요?

10. 저비용항공사에 대해 어떻게 생각하나요??

11. 기내에서 아이가 울고 있으면 어떻게 할 것인가요?

12. 승무원의 자격은 무엇이라고 생각합니까?

13. 에어부산에 타본 경험이 있나요?

14. 승무원의 자격에는 어떤 것이 있을까요?

제주항공

1. 그동안 항공사 면접을 본 경험이 있나요?

2. 항공사가 많은데 제주항공에 지원하게 된 동기가 있다면?

3. 외국어로 자기소개를 해보세요..

4. 제주항공과 대한항공, 그리고 아시아나항공 모두 합격한다면 어디를 택하실 것인가요? 그 이유는 ? 세 항공사를 비교해 보세요.

5. 제주항공은 앞으로 외국어 능력에 대한 비중을 높이겠다고 공식발표한 바가 있습니다. 어학관련 점수가 낮은데 입사 후 점수를 올릴 수 있겠습니까?

6. 토익점수가 높은데 공부방법은?

7. 제주항공에서 본인을 채용하는 이유가 있다면?

8. 제주항공과 다른 항공사의 차이점은 무엇인가?

9. 제주도에서 출발하는 국제노선을 아는 대로 말해보세요.

10. 제주항공의 장단점을 말해보시오.

11. 제주항공에 제안하고 싶은 아이디어를 말해보시오.

12. 제주도에서 추천하고 싶은 관광지는? 음식점?

13. 제주항공의 첫 번째 외국노선은 어디인가요?

14. 제주항공 승무원의 이미지를 말해보시오.

15. 제주항공 유니폼에 대해 설명해 보세요.

16. 교내 아나운서 경험있는 분 멘트해 보세요.

17. 경력에 대해서 그리고 회사관련 자격증에 대해서 말해보세요.

18. 제주항공이 가지는 큰 장점은 무엇인가요?

19. LCC가 무엇인가요?

20. 지금까지 면접본 경험에 대해 말해보세요.

21. 급하게 비행가야 하는데 임산부가 골목길에 쓰러져 있다면?

22. 인생의 목표가 무엇인가요?

23. 제주항공의 5가지 핵심가치 중 자신이 가장 자신있는 가치를 말해보고 그이유~

(제주항공의 경영이면, 가치체계, 5가지 핵심가치 :안전, 저비용, 도전, 팀워크, 신뢰)

24. 제주항공 이용경험과 느낀점

25. 저비용의 가치가 무엇이라고 생각하는지

26. 전공이 항공과인데 무엇을 배우셨죠?

27. 떨어지게 된다면 그 이유가 무엇일 것 같나요

28. 제주항공에 서비스팀이 많은데 들어가고 싶은 서비스 팀이 있는지

29. 손님이 기내식이 왜 유료냐고 따진다면 어떻게 할것인가요?

30. 자신이 끼를 가지고 있다고 생각하는가(재주캐스팅)

31. 재주캐스팅의 장단점을 말해보세요.

진에어

1. 진에어에 지원한 이유는?

2. 진에어에 대해 아는 대로 말해 보세요.

3. 진에어의 이미지에 대해 말하시오.

4. 본인 PR을 해보세요.

5. 진에어의 유니폼에 대해 말해 보세요.(청바지착용에 대한 생각)

6. 진에어의 광고에 대해 어떻게 생각하나요.

7. 왜 진에어가 당신을 뽑아야 하나요?

8. 준비해온 것을 보여주세요.(말해보세요).

9. 청바지 말고 다른 유니폼이 입고 싶진 않나요?

10. 승무원 학원을 다닌적이 있나요?

11. 진에어와 대한항공을 제외한 인상깊었던 항공사가 있다면?

12. 자신의 신체 부위 중 가장 예쁜 곳, 그리고 가장 못생긴 곳을 말해보세요.

13. 남자친구가 승무원이 되는 것을 반대한다면 어떻게 할 것인가요?

14. '손님은 왕이다.' 라는 말을 어떻게 생각하나요?

15. '서비스는 000다'를 완성해 보세요.

16. 기내에서 신발을 벗고 있는 승객에게 어떻게 할 것인가요?

17. 진에어 면접을 보러 간다고 하니 주위의 반응은 어떠한가요?

18. 본인을 사물에 비유해 보세요.

19. 미소 연습은 어떻게 하고 있나요?

20. 청바지를 좋아하나요? 잘 어울린다고 생각하나요? 몇벌 가지고 있나요?

21. 진에어에 들어가길 바라는 이유가 있다면?

22. 진에어를 어떻게 알았나요? 진에서 승무우너이 되기위한 강점은 무것이라고 생각하십니까?

23. 내가 다른 지원자들보다 나은 점은 무엇이라고 생각하십니까?

24. 진에어에 대한 자신의 생각을 말해 보세요.

25. 진에어가 취항하는 도시에 대해 말해 보세요.

26. 자율 좌석에 대해서 어떻게 생각하십니까?

27. 진에어(모든 항공사 대입해 보세요^^) 입사를 제외한 올해의 목표는?

28. 본인을 어필해 보세요.

29. 이착륙시 좌석등받이를 뒤로 하고 있는 승객에게 어떻게 대처할 것인가요?

30. 진에어가 더욱 성장하기 위한 방법은 무엇이라고 생각하나요?

티웨이항공

1. 원하는 급여는?

2. 생각보다 일이 힘들다면?

3. 티웨이항공의 장점은 무엇인가요?

4. 현재 티웨이 항공이 성장하기 의해서 우선적으로 해야 할 것은 무엇이라고 생각하는가

5. 현재 티웨이 항공 사장님의 성함은?

6. 본인의 좌우명은?

7. 객실승무원이란?

8. 승무원이 되기 위해 해온 노력들에는 어떤 것들이 있나요?

9. 항공과 인데 무엇을 배웠나요? 기억에 남는 과목이 있나요?

10. 대한항공이나 아시아나항공에 안가고 왜 규모가 작은 티웨이항공에 오려고 하나요?

11. 전현차 까페 가입하셨나요? 후기를 어떻게 쓸것인가요?

12. 외국어로 자기소개해보세요.

13. 저비용항공사에 대해서 어떻게 생각하나요? 앞으로 저비용항공사가 나아가야할 방향은 무엇인가요?

14. 티웨이항공 비전에 대해 말해보세요.

15. 영어 회화가 왜 필요할까요?

16. 티웨이 항공 회사 이름의 뜻?

이스타항공

1. 자신의 별명이 무엇인가요?

2. 이스타항공에 면접보러 간다고 하니까 주변에서 뭐라고 하나요?

3. 승무원의 자질을? 덕목은?

4. 이력서에 써있는 것 말고 자신에 대해 더 하고 싶은말이 있다면?

5. 이스타항공에 지원한 이유는?

6. 어제 좋은 꿈 꾸었나요?

7. 스트레스 해소법?

8. 입사후 포부

9. 졸업후 지금까지 무엇을 했는가?

10. 이력서관련 질문

11. 학교, 학과에 관한 질문

12. 대한항공과 아시아나항공도 지원했나요?

13. 자신의 단점은? 그 단점을 어떻게 보완해야 한다고 생각하시나요?

14. 이스타항공의 발전가능성에 대한 본인의 의견을 말해 보시오.

15. 이스타항공 유니폼에 대한 본인의 견해를 말해 보시오.

16. 체력관리는 어떻게 하고 있나요?

17. 승객이 화가 났다면 어떻게 대처하실 건가요?

18. 저비용 항공사인 이스타 항공이 보다 많은 고객을 유치하기 위한 아이디어가 있다면?

19. 서비스란 무엇인가요?

20. 본인의 전공이 승무원을 하는데 어떠한 도움을 줄 수 있나요?

에어 서울

1. 자기소개

2. 에어 서울 지원동기, 알게 된 계기

3. 같은 조에서 본인 말고 누가 될 것 같은가요

4. 승무원 언제부터 준비했는지

5. 준비하면서 어렵다고 생각했던 질문은?

6. 옆 지원자에게 질문하고 질문 받은 사람이 대답해 주세요.

7. 점심을 먹고 와서 졸린데, 졸음을 달아나게 해 줄 사람이 있으면 보여주세요.

8. 전공에 대해 말해 보세요.

9. 에어서울에 들어오면 어떤 승무원이 될 것인가요

10. 최근 본 영화와 느낀 점

11. 에어서울이 다른 항공사와 차별화된 점

12. 본인을 한 단어로 표현해 보세요(한 색깔)

13. 대학시절 에피소드

14. 다른 지원자보다 졸업한지 좀 지났는데 그동안 뭐하면서 지냈는지

15. 상대적으로 피부가 어두운데 따로 태닝같은 걸 했나요

16. 개별질문 못 받으신 분~ 하고 싶은말 해주세요.

17. 갑자기 행운이 온다면 어떤 걸 얻고 싶은가.

18. 특기가 동물이름 표현하기인데 에어서울을 동물로 표현한다면?

19. 특기가 필라테스인데 자신 있는 동작을 해보세요.

20. 20년 넘게 살면서 인생에서 가장 중점적으로 생각하는 것이 무엇인가

21. 인생의 가치관

22. 학점이 낮은데 특별히 그럴 수밖에 없었던 이유가 있나요?

23. (인하공전 지원자에게) 대부분 대한항공으로 많이 가지 않나? 왜 에서서울에 지원했나?

24. 다른 회사에도 많이 지원했을 텐데 탈락해서 에어서울에 지원한건가요

25. 민트패스는 성공인가요 실패인가요?

26. 민트패스 개선방안?

27. 면접장까지 오면서 무슨 생각을 했나요

28. 작년에도 지원했나요

29. 글로벌 비즈니스 학과인데 가장 기억에 남는 수업이 있나요? 비즈니스에 필요한 매너가 무엇이라고 생각하나요

30. (키오스크 경력자에게) 현장에서 일하면서 에어서울이 개선해야 할 점이 있다면

31. (현직 간호사)병원을 다니시는 건지 그만둬야만 준비할수 있는 건지

32. 전공이 다른데 왜 승무원을 지원했나요 , 그 전공이 승무원을 하는데 어떤 부분이 도움이 될 것 같나요

33. 에어서울 승무원 떨어지면 승무원 되는 걸 포기할 것인지

34. 중국어로 지금 기분을 말해 보세요

35. 영어를 잘하는데 외항사는 왜 지원하지 않았나요

36. 다른 항공사 면접 본 경험 말해보세요

37. 메이크업은 본인이 했나요

38. 학교 위치가 어디인가요

39. (두번째 면접 지원자에게) 지난번 면접에 비해 뭐가 나아졌나요

40. 자신이 어필하고 싶은 점 2가지를 말해보세요.(단어로)

41. 자소서 3번 설명해 보세요.

42. 다른 항공사 지원 몇 번 했나요

43. 최종 면접까지 가본 사람 있나요?

44. 왜 떨어진 것 같아요

45. 항공서비스과 분들은 다른데 지원해 본 적 있나요

46. 왜 늦게 졸업했는가

47. 여러 항공사에 대해 공부했을 텐데 LCC중 가장 좋은 곳/ 가장 별로인 곳 &그 이유

48. 승무원 지인이 있나요

49. 지인이 본인 항공사 들어오라고 추천하는지

50. 에어서울 취항지 중 어디를 추천할 것인가요

51. 에어서울 만의 특별한 점이 있다면

52. 국내 LCC항공사 중 가장 경쟁력 있다고 생각하는 회사

53. 에어서울은 후발 주자인데 차별화된 전략은 무엇이 있을까요(서비스 이야기 제외)

54. 에어서울 이미지 솔직하게 말해보세요

55. 4학년때(2학년때) 본인은 어떤 선배였는지

56. 지금 생각나는 사람에게 영상편지 제작해보세요

57. 사람들과 친해지는 노하우

58. 에어서울 취항지중 가보고 싶은 곳/ 에어서울이 취항했으면 하는 곳

59. 가장 기억에 남는 여행지 소개

60. 자신을 위해 투자한 일

61. 자신의 이상형

62. 사드배치로 인한 중국과 북한의 변화를 예측해 본다면

63. 면접관에게 추천하고 싶은 것이 있다면(영화, 책, 운동 등 편하게)

64. 최근에 읽은 책

65. 본인을 왜 에어서울에서 뽑아야 하는지 손들어서 말하기

66. 오늘 여기까지 어떤 수단으로 어떤 마음으로 왔는지

67. 대선때 어떤 공약을 보고 뽑았는지(누굴 뽑았는지가 아님) 안했으면 안했다고 해도 됨

68. 남들이 본인한테 말하는 이거 하나만 딱 고쳐라 하는 것

69. 스트레스 해소법

70. 살면서 가장 힘들었던 일과 어떻게 극복했는지

71. 민트스토리할 때 어디를 가장 하고 싶은가

72. 항공사에 있어서 승무원이 미치는 영향

73. 만약 임원면접 합격했는데 다른 항공사랑 겹치면 어떤 항공사를 선택할것인가

74. (시계를 안찬 지원자에게)시계를 안 찬 이유와 시간관리를 어떻게 하는지

75. 다른사람들은 안믿는데 본인은 믿는 것은

76. 서류상의 키와 실제 키가 다르게 나왔을텐데 이유가 무엇인가

77. 최근 가족이외에 다른 사람을 도와준 경험

78. 체력관리방법

79. (광고홍보학과)에어서울 프로모션 방법

80. 취미가 악기연주인데 무슨 악기 연주할 수 있는가/ 노래 한소절/기상캐스터하기가 취미인데 지금 이 상황을 기상캐스터처럼 표현해 봐라

81. 만약 내 인생에 마지막 순간이 온다면 어떤 말을 하고 싶은지

82. 에어 서울을 10글자로

83. 최근 부모님께 화낸 적이 있다면? 언제? 왜?

84. 끝나고 무엇을 할 것이지. 오늘 하루를 어떻게 마무리 할 것인지.

85. 기내서비스 추천해 주세요.

86. 몇 시에 도착했나. 누구랑 왔나요?

87. 에어서울지원동기, 면접장까지 어떻게 왔나(영어로)

88. 자신과 닮은 연예인

89. 끝으로 하고 싶은말

90. 민트색 유니폼이 본인과 잘 어울릴 것 같은가

91. 평소 항공권 구매를 어떻게 하고 있나요

참고문헌

- 교육부 진로정보망 '커리어넷'(https://www.career.go.kr)
- 법제처(www.law.go.kr)
- 한국직업능력개발원(http://www.krivet.re.kr)
- 한국산업인력공단(http://www.hrdkorea.or.kr
- 고용노동부(http://www.moel.go.kr)
- 월드잡(https://www.worldjob.or.kr
- 워크넷(www.work.go.kr)
- 한국 직업방송(www.worktv.or.kr)
- 월드잡 플러스(http://www.worldjob.or.kr)
- 교육부 진로정보망 커리어넷(http://www.career.go.kr)
- TED(https://www.ted.com
- 유튜브(www.youtube.com
- 주한미국대사관 홈페이지
- 소비자 심리의 이해, 홍성태, 학현사
- 항공사면접노트, 이경미 황수영,
- 한국인의 직업의식 및 직업윤리, 한상근, 2018, 한국직업능력개발원
- 대한항공 홈페이지(https://www.koreanair.com)
- 아시아나항공 홈페이지(https://flyasiana.com)
- 스타얼라이언스 홈페이지(https://www.staralliance.com)
- 진에어 홈페이지(https://www.jinair.com)
- 제주항공 홈페이지(https://www.jejuair.net)
- 에어부산 홈페이지(https://www.airbusan.com)
- 이스타항공 홈페이지(https://www.eastarjet.com)
- 티웨이항공 홈페이지 https://www.twayair.com

황수영

한양대학교 경영학과 박사

전) 한양대학교, 성신여자대학교, 배화여자대학교, 배재대학교, 중부대학교, 우송대학교 등 다수 출강

현) 백석예술대학교 항공서비스과 조교수

항공 실무 면접 가이드

초판 1쇄 발행 2020년 9월 5일
초판 1쇄 인쇄 2020년 9월 10일
저 자 황 수 영
펴낸이 임 순 재
펴낸곳 **(주) 한올출판사**
등 록 제11-403호
주 소 서울시 마포구 모래내로 83(성산동 한올빌딩 3층)
전 화 (02) 376-4298(대표)
팩 스 (02) 302-8073
홈페이지 www.hanol.co.kr
e-메일 hanol@hanol.co.kr
ISBN **979-11-5685-999-4**